Die Blindgänger

*Lisa Nienhaus* studierte Volkswirtschaft und Politik in Köln und Stockholm und besuchte parallel dazu die Kölner Journalistenschule für Politik und Wirtschaft. Sie ist Wirtschaftsredakteurin der *Frankfurter Allgemeinen Sonntagszeitung*. Im Jahr 2005 wurde sie mit dem Ludwig-Erhard-Förderpreis für Wirtschaftspublizistik ausgezeichnet.

Lisa Nienhaus

# Die Blindgänger

## Warum die Ökonomen auch künftige Krisen nicht erkennen werden

Campus Verlag
Frankfurt/New York

Bibliografische Information der Deutschen Nationalbibliothek:
Die Deutsche Nationalbibliothek verzeichnet diese Publikation in der Deutschen Nationalbibliografie. Detaillierte bibliografische Daten sind im Internet unter http://dnb.d-nb.de abrufbar.
ISBN 978-3-593-39079-6


Umschlaggestaltung: Hißmann, Heilmann, Hamburg
Umschlagmotiv: plainpicture, Hamburg
Satz: Fotosatz L. Huhn, Linsengericht
Druck und Bindung: Druck Partner Rübelmann, Hemsbach
Gedruckt auf säurefreiem und chlorfrei gebleichtem Papier.
Printed in Germany

Besuchen Sie uns im Internet: www.campus.de

# Inhalt

# Einleitung: In eigener Sache

Es war einmal eine ziemlich praktische Sache, Volkswirtschaft zu studieren. Denn bis vor kurzem musste man sich weder für die Wahl dieses Faches rechtfertigen und bohrende Fragen der Verwandtschaft über sich ergehen lassen, was man denn damit einmal werden wolle, noch stieß man bei Gesprächspartnern auf allzu großes Interesse. Nein, es war sogar das beste Mittel, um ein Gespräch abrupt in eine andere Richtung zu lenken, wenn man auf die Frage: »Und, was studierst du?« antwortete: »Volkswirtschaft«. Man erntete allerhöchstens ein »Aha« oder ein »Oh, von Wirtschaft verstehe ich nicht viel«. In den Jahren meines Studiums hat mich niemals jemand danach gefragt, was man in dem Fach eigentlich lernt. Niemals hat ein Fremder auf einer Feier versucht, mit mir zu diskutieren, wohin es mit der deutschen Wirtschaft gehe, wie die Inflation gestoppt oder die Arbeitslosigkeit verringert werden könne. Erfahrungsgemäß driftete das Gespräch nach dem magischen Kürzel VWL sofort ab – zum Ort meines Studiums, meinen Praktika, genereller Lebenszufriedenheit. Man ahnt es: Hätte ich gesagt, ich sei auf einer Schauspielschule, das Ergebnis wäre ein anderes gewesen.

Die Zeiten haben sich geändert. Ich studiere schon eine Weile nicht mehr und bin Journalistin geworden. Doch die Tatsache, dass ich diplomierte Volkswirtin bin, beschert mir mittlerweile abendfüllende Partygespräche. Da gibt es diejenigen, die früher gesagt haben, sie verstünden nichts von Wirtschaft. Sie sind auf einmal auf dem neuesten Stand, lesen den Wirtschaftsteil der Zeitung und wollen von mir zuerst wissen, ob ich denn eigentlich die CDO und ABS[1] verstanden habe und mal eben erklären könne, wieso eine platzende Häuserpreisblase in Amerika alle Banken der Welt in Bedrängnis bringen kann. Danach wollen sie wissen, wie lange die Krise denn noch dauern und wie stark die Arbeitslosigkeit noch ansteigen werde. »Oder ist das Schlimmste schon vorbei?«, fragen sie höchst konzentriert und interessiert. Der Abend kann lang werden. Dann gibt es diejenigen, die schon Ende 2007 in Erscheinung traten, zwar schon in der Finanzkrise, aber noch vor dem großen Wirtschaftseinbruch, und seither diskutieren möchten, wie sie ihr Geld anlegen sollen. »Geht es mit der Wirtschaft bald wieder bergauf, und was bedeutet das für die Börsen?«, fragen sie. »Soll ich mein Geld in Aktien oder in Gold stecken?« Eigentlich aber wissen sie längst genau, was sie wollen, und suchen lediglich eine anregende Debatte, aus der sie als Gewinner hervorgehen können. Diesen Gesprächen gehe ich tunlichst aus dem Weg. Und dann gibt es noch die Sarkastischen, mit denen der Abend durchaus unterhaltsam werden kann. Sie fragen: »Und, wo steht unser Bruttoinlandsprodukt nächstes Jahr?«, und zwinkern dabei mit dem linken Auge. Sie haben auch einige Witze parat, etwa diesen:

> Ein Physiker, ein Chemiker und ein Volkswirt sind auf einer verlassenen Insel und haben nichts zu essen. Eine Dose Suppe wird an Land geschwemmt. Der Physiker sagt: »Schlagen wir die Dose mit einem Stein auf!« Der Chemiker sagt: »Machen wir ein Feuer und erhitzen die Dose!« Der Volkswirt sagt: »Nehmen wir an, wir hätten einen Dosenöffner!«

Diese Menschen haben eine nette Art, die Realitätsferne meiner Wissenschaft auf den Punkt zu bringen. Sie reden besonders gerne und dabei höchst ironisch über die wirtschaftliche Zukunft oder zitieren alte Ökonomen wie John Kenneth Galbraith, der vor 16 Jahren dem *Wall Street Journal* sagte: »Wir haben zwei Sorten von Prognostikern: diejenigen, die nichts wissen, und diejenigen, die nicht wissen, dass sie nichts wissen.«

Menschen, die so mit mir sprechen, sind manchmal selbst Ökonomen – diejenigen von der angenehmen Sorte, die auf Besserwisserei weitgehend verzichten und merken, dass in ihrer Zunft etwas gehörig

---

1 *Collateralized Debt Obligations* und *Asset-backed Securities*: Wertpapiere, die im Zuge der Finanzkrise in die Kritik geraten sind.

schiefgelaufen ist. Oder sie sind einfach aufmerksam, haben in den vergangenen Monaten die Äußerungen bekannter Volkswirte und die Prognosen der großen Wirtschaftsforschungsinstitute verfolgt – und sind dabei hellhörig geworden. Denn es ist schon erstaunlich, wie alles weitergeht. Während so manches Unternehmen sich weigert, überhaupt noch einen Ausblick auf das laufende Geschäftsjahr zu wagen, scheint die Vorhersage für die gesamte Volkswirtschaft weitaus einfacher zu sein. Die professionellen Prognostiker der großen Wirtschaftsforschungsinstitute jedenfalls geben ihr Votum ab. Komme, was da wolle. Minus 2 Prozent, minus 4 Prozent, minus 6 Prozent: Munter korrigieren sie das Wachstum nach unten – mit gewohnter Verve und Überzeugung. Es ist aufschlussreich, einmal nachzuschlagen, was sie vor anderthalb Jahren gesagt haben, Anfang 2008 war die Welt nämlich noch in Ordnung. Die Ökonomen sprachen von einer Abkühlung im Jahr 2009, also einem langsameren Wachstum. Um 1,2 Prozent, 1,4 Prozent, 1,7 Prozent werde die Wirtschaft 2009 wachsen, hieß es damals, aber weiß Gott keine Rezession, nicht einmal Stagnation. Ach ja.

Dann kam die Krise – und mit ihr wurde offenbar, wie sehr die professionellen Prognostiker in Deutschland danebengelegen haben. Sie haben die Kreditkrise erst nicht kommen sehen – und dann nicht geglaubt, dass sie sich zur Wirtschaftskrise auswachsen würde. Sie haben kollektiv versagt.

Genau das ist es, was meinem Party-Small-Talk seit Ausbruch der Krise eine neue Richtung gibt. War der Volkswirt früher jemand, der sich mit schwierigen, aber doch irgendwie wichtigen Dingen auskannte, so ist er heute zwar mehr denn je jemand, der sich mit schwierigen und wichtigen Dingen befasst. Aber kennt er sich auch wirklich damit aus? Das darf neuerdings bezweifelt werden. Die bevorzugte Ausrede der anderen, um das volkswirtschaftliche Gespräch abzuwehren, lautete einmal: »Von Wirtschaft verstehe ich nichts.« Nun zeigt sich: Von Wirtschaft etwas zu verstehen ist auch gar nicht so einfach. Die Experten sind darin keinesfalls stets besser als der Laie, der einfach beobachtet, was um ihn herum und in der Welt passiert. So mancher Wirtschaftsweise hat Anfang 2008 weniger von der Krise begriffen als der Hobbyanleger, der abends im heimischen Arbeitszimmer vor seinem Computer saß und überlegte, ob er sein Geld lieber in Gold oder in Aktien investieren sollte, und nebenher ein paar Verschwörungstheorien im Netz las. Da kann man jahrzehntelang zu Themen der Wirtschaft und der Konjunktur geforscht haben und trotzdem zu einer vollkommen falschen Einschätzung der Lage kommen.

Das war nicht nur in Deutschland so. Mit wenigen (in diesem Buch auch genannten) Ausnahmen gilt: Die Krise hat die Ökonomen auf der ganzen Welt überrascht. Amerikaner, Isländer, Briten, Franzosen, Chinesen, Inder – sie lagen alle daneben. Die größte Wirtschaftskrise seit 1929 kam über die Welt, ohne dass die Spezialisten für die Wirtschaft laut und deutlich gewarnt hätten. Natürlich, niemand, der noch bei Sinnen ist, erwartet von ihnen Hellseherei. Gerade das Vorhersehen von Entwicklungen in allen Details in einem so komplexen System wie der Wirtschaft ist offensichtlich unmöglich. Jedoch glaubte man, dass sie Risiken erkennen und benennen könnten und vor Gefahren warnen würden.

Das haben sie nicht geschafft – und damit ihren Status als relevante Experten infrage gestellt. Alle Welt will auf einmal wissen: Was sollen wir mit solchen Spezialisten noch anfangen? Ein Politiker fordert, den Sachverständigenrat zur Begutachtung der gesamtwirtschaftlichen Entwicklung, den sogenannten *Rat der fünf Wirtschaftsweisen*, abzuschaffen, weil er vor allem viel heiße Luft produziere. Ein deutscher Innenminister findet, dass die Ökonomen nicht wissen, wo sie hingehören. »Die Ökonomen haben gedacht, Volkswirtschaftslehre ist eine Naturwissenschaft, und haben vergessen, dass es eine Sozialwissenschaft ist«, wird er sinngemäß vom Ökonomen und Blogger Harald Uhlig zitiert. Und eine große amerikanische Zeitschrift wie die *Business Week* fragt auf ihrem Titel »What Good Are Economists Anyway?« (»Wozu sind Ökonomen eigentlich noch gut?«). Das Ansehen der Zunft liegt am Boden.

Die Ökonomen selbst ergehen sich entweder in Beteuerungen, sie hätten doch alles schon vor 15 Jahren beinahe genauso vorhergesehen (wobei man sich dann fragt, wieso, bitte schön, sie uns davon so wenig gesagt haben). Oder sie sind in eine tiefe Sinnkrise gestürzt. So plädiert der Chef des Deutschen Instituts für Wirtschaftsforschung, das einst gegründet wurde, um Prognosen zu erstellen, auf einmal dafür, mit den Prognosen aufzuhören. Der Präsident des Instituts für Weltwirtschaft will den Großteil der Theorien einer ganzen Denkschule seiner Wissenschaft auf den Müll werfen. Und deutschlandweit streiten sich junge und alte Ökonomen laut und öffentlich darüber, mit welcher Art Wissenschaftler frei werdende Lehrstühle an der Universität Köln besetzt werden sollten. Die Parteien werfen sich gegenseitig Realitätsferne und falsche Forschungsschwerpunkte vor.

Die Ökonomie liegt im Staube. Auch international. Der amerikanische Wirtschaftsnobelpreisträger Paul Krugman sagte kürzlich, von der Makroökonomie der vergangenen 30 Jahre sei ein Großteil »bestenfalls spektakulär nutzlos, schlimmstenfalls schädlich« gewesen. Die Nicht-Ökonomen bemerken die Verunsicherung genau und werden gegenüber meiner Zunft noch skeptischer als zuvor. Zu Recht. Die meisten Volkswirte waren blind für den Crash an den Finanzmärkten und die Ansteckungseffekte der Krise. Mich selbst nehme ich dabei nicht aus. Ich bin zwar Journalistin, keine Forscherin oder Konjunkturprognostikerin. Aber ich bin studierte Volkswirtin und habe diese Krise nicht vorhergesehen, nicht einmal vorausgeahnt. Zu sehr habe ich mich an dem orientiert, was die Großen meines Faches glaubten. Daher habe auch ich meinen kleinen Anteil am Versagen der Ökonomen und daher ist mein Blick besonders geschärft, nicht besonders gnädig.

Natürlich müssen auch wir Wirtschaftsjournalisten uns jetzt fragen, was wir falsch gemacht haben. Ökonomen sind für uns eine wichtige und gern genutzte Quelle der Information. Wir forschen selten selbst, wir fragen die Forscher; wir machen selten eigene Prognosen, wir fragen die Prognostiker. Und wenn unsere Referenzwelt versagt, dann versagen auch wir. So ist es in dieser Finanzkrise geschehen, und das ist bedauerlich. Kaum ein Journalist hat die Dramatik der Krise rechtzeitig erkannt und beschrieben. Das können wir nicht nur auf andere schieben; wir haben es auch uns selbst zuzuschreiben. Wir waren nicht skeptisch genug, wir haben unsere Quellen nicht intensiv genug hinterfragt, wir hätten häufiger auf die Suche gehen müssen nach den Außenseitern, nach den Andersdenkenden, nach abweichenden Meinungen am Rande des großen Konsenses der Wissenschaft, die es ja durchaus gab. Wir müssen uns selbst prüfen, aber auch unsere Referenzwelt. Volkswirte sind für uns die Experten fürs große Ganze, manchmal sogar unsere Helden. Wir halten sie für unparteiischer als Politiker und Firmenbosse und für verlässlicher als Lobbyisten. Es ist für unsere Arbeit zentral, zu verstehen, was in der Wissenschaft schiefgelaufen ist. Damit auch wir besser verstehen, wie wir mit unseren Experten künftig umgehen sollten.

So gibt es auch für uns Journalisten eine Menge zu lernen. Vor allem richtet sich dieses Buch aber an alle Menschen, die nicht verstehen, wie es zu einer Krise kommen konnte, die fast keiner sah, nicht einmal die bekannten Wirtschaftsexperten. Dazu stellt es die eklatanten, ja zum Teil haarsträubenden Fehlprognosen der Wissenschaftler vor der Krise zusammen. Es klärt, was Ökonomen eigentlich machen und wieso sie so mächtig geworden sind – um dann die wichtigsten Fragen zu beantworten: Was ist eigentlich schiefgelaufen in der Ökonomie? Brauchen wir Ökonomen überhaupt noch? Und wenn ja, wofür eigentlich?

## Kapitel 1

# Das Versagen der Ökonomen

Es ist erstaunlich. Spricht man in diesen Zeiten mit Ökonomen, so klingen einige von ihnen geradezu euphorisch. Angesichts der Wirtschaftskrise kommen die sonst so sachlichen Wissenschaftler ins Schwärmen. Es sei »spannend wie nie«, freut sich Thomas Straubhaar vom Hamburgischen Weltwirtschaftsinstitut Anfang 2009 im Telefongespräch. Endlich könne er seinen Studenten einmal die Anwendung aller Theorie in der Praxis zeigen. Der Wirtschaftsweise Peter Bofinger zeigt sich im Gespräch am Rande eines Interviews begeistert darüber, dass Ökonomen nun als Erklärer und Deuter gefragter seien als je zuvor – und permanent gebucht würden für Veranstaltungen zur Krisenursachenforschung. Der wohl bekannteste deutsche Volkswirt, der Präsident des Ifo Instituts für Wirtschaftsforschung, Hans-Werner Sinn, eröffnet im Dezember 2008 einen Vortrag über die Ursachen der Finanzkrise so: »Die Wirtschaft verlief so ruhig und glatt über die letzten Jahre, dass man als Ökonom schon richtig Angst haben musste, dass das Fach obsolet sei. Aber jetzt sind wir wieder mit großen Fragen beschäftigt, die unsere Zukunft betreffen.«

Es stimmt: Die ökonomischen Themen sind auf einmal wieder für alle Menschen wichtig geworden, sogar für den Alltag relevant. Die Deutschen schauen so fasziniert auf die Wachstumsprognosen wie früher nur auf die Auslage von H&M, sie verfolgen Zinskurven und Aktienkurse so genau wie die Staumeldungen während des Feierabendverkehrs. Sie tragen ihr Geld von der einen zur anderen Bank, sie lassen sich sogar Abkürzungen wie ABS und CDO erklären und wollen wissen, wie es eigentlich so weit kommen konnte. Die Nachfrage nach Erklärungen für die Wirtschaftskrise ist immens: Allein zum Vortrag von Hans-Werner Sinn erschienen im Dezember beinahe 1000 Studenten und andere Interessierte und belegten die große Aula der Münchener Ludwig-Maximilians-Universität bis auf den letzten Platz. Sachverstand ist gefragt, um zu erläutern, was in den vergangenen Monaten mit unserer Wirtschaft passiert ist. Dabei kommt auch Bewegung in die Wirtschaftswissenschaft, der es bisher oft ausreichte, ihre alten ewigen Weisheiten herunterzubeten. Das ist nun anders. Denkmodelle werden hinterfragt, ideologische Hürden fallen, es darf nun wieder beinahe alles gesagt werden. Es herrscht Aufbruchstimmung unter Ökonomen.

Doch sie hat einen traurigen Anlass. Die größte Wirtschaftskrise seit dem Zweiten Weltkrieg trifft unser Land – und kaum einer der Wissenschaftler, die jetzt von Vortrag zu Vortrag eilen und altklug die Ursachen darlegen, hat davor gewarnt. Noch Anfang 2008 glaubten die meisten bekannten deutschen Ökonomen, alles werde gutgehen. Deutschland, so die übereinstimmende Meinung zu dieser Zeit, werde von den Problemen der amerikanischen Banken kaum getroffen und glimpflich davonkommen. Ein wenig abwärts werde es gehen, da waren sich alle einig. Doch mit einer tiefen Rezession rechnete keiner, schon gar nicht mit einem Absturz eines solchen Ausmaßes, wie wir es kurz darauf gesehen haben. Den Beinahe-Zusammenbruch sämtlicher Banken im Herbst 2008 – ein nicht gerade irrelevanter Aspekt dieser Krise – hatte (fast) kein bekannter Ökonom auf der Rechnung.

Auch nicht Hans-Werner Sinn. Ende 2008 sagte er in einem Vortrag zur Krise: »Man ist sehr vorsichtig mit der Feststellung einer Rezession. Aber jetzt sind wir halt drin, wie Sie gleich sehen werden.« Ein Schelm, wer nachzuschlagen wagt, was der gleiche Wissenschaftler noch 14 Monate zuvor in einem Interview äußerte. »Eine Rezession steht nicht an«, war damals seine Prognose für eben jenes Jahr 2008. Er sollte sich täuschen. Doch Sinn ist nicht der einzige Fehlprognostiker. Andere haben noch viel länger gebraucht, um zu merken, dass sich etwas dreht. So griff der einstige Vorsitzende der Wirtschaftsweisen, Bert Rürup, noch Mitte April 2008 gehörig daneben. Da meinte er: »Die Konjunkturrisiken haben zugenommen, aber wir stehen definitiv nicht vor einer Rezession.« Welch ein Irrtum! Und selbst eine so angesehene Institution wie die Bundesbank war vor Fehlern nicht gefeit. Deren Präsident Axel

Weber sagte sogar noch einige Tage später: »Der Aufschwung in Deutschland hält an, nur der Schwung lässt etwas nach.« Oje.

Angesichts solcher Fehlgriffe prominenter deutscher Ökonomen möchte man der Zunft einen alten Kalauer ans Herz legen: »Prognosen sind schwierig, besonders wenn sie die Zukunft betreffen.« Die Fehlprognostiker sind allüberall – und sie überschätzen sich immer wieder. Besonders deutlich zeigt sich das bei denjenigen, die in aller Öffentlichkeit versuchen, den Verlauf der Wirtschaft vorherzusehen. Die Konjunkturforscher und Konjunkturprognostiker sind die Propheten unter den Ökonomen: Selbst bei großer Unsicherheit posaunen sie ihre Berechnungen mit wenig Bescheidenheit in die Welt. Man findet sie vor allem in den Konjunkturabteilungen der großen Wirtschaftsforschungsinstitute wie Ifo und Deutsches Institut für Wirtschaftsforschung (DIW), die zum Großteil vom Staat finanziert werden. Aber auch die Deutsche Bundesbank und private Geldinstitute wie Deutsche Bank, Commerzbank oder ausländische Banken wie Goldman Sachs beschäftigen diese Sorte Ökonomen. Sie versuchen in einer Art von Kaffeesatzleserei, aus Daten der Vergangenheit (Arbeitslosigkeit, Wachstum, Auftragseingänge, Produktion, Stimmung in der Geschäftsführung) die wirtschaftliche Zukunft herauszulesen. Dazu haben sie hochkomplexe Modelle entwickelt, mit denen sie auch in gewöhnlichen Zeiten öfter mal danebenliegen, doch selten sind sie kollektiv dermaßen in die falsche Richtung gelaufen wie vor dieser Finanzkrise.

Sie sind allerdings nicht die Einzigen, die blind waren für den Crash. Auch ihre Kollegen in anderen Teilen der Volkswirtschaftslehre sahen die Probleme am Finanzmarkt und am amerikanischen Häusermarkt nicht, erkannten nicht, wozu sie führen könnten, oder versäumten, davor laut und deutlich zu warnen. Die Makroökonomen etwa, die sich mit dem Zusammenspiel ganzer Volkswirtschaften befassen, oder die Beobachter und Theoretiker der Finanzmärkte. Sie haben ihre Aufgabe nicht erfüllt – nämlich Risiken aufzudecken, die die gesamte Wirtschaft erfassen könnten, und öffentlich vor ihnen zu warnen. Es mutet deshalb reichlich seltsam an, dass genau diejenigen, die in dem Erkennen von Gefahren dermaßen versagt haben, nun nicht nur weiterhin ihre Weisheiten verbreiten, sondern sogar gefragter sind als jemals zuvor. Doch schauen wir uns zunächst die falschen Prognosen etwas genauer an.

## Die Prognostiker – Der Wettlauf nach unten

Rückblende in den Sommer 2007: Deutschland erlebt den ersten Schock der Finanzkrise. Die Mittelstandsbank IKB kollabiert beinahe. Sie hat in großem Stil mit den komplizierten strukturierten Wertpapieren gehandelt, die einst als wichtige Innovationen galten und mittlerweile *giftige Papiere* heißen, und sie hat die Risiken aus diesen Geschäften dramatisch unterschätzt. In einer Wochenend-Krisensitzung Ende Juli packen die staatliche KfW und andere Banken der IKB ein erstes Rettungspaket in Höhe von 3,5 Milliarden Euro. Der Präsident der Bundesanstalt für Finanzdienstleistungsaufsicht (Bafin), Jochen Sanio, mutmaßt, dass Deutschland ohne die Rettung der IKB die schlimmste Finanzkrise seit 1931 droht.

Auch in Amerika sind die Banken längst äußerst instabil, obgleich die Informationen darüber nur langsam und Stück für Stück nach außen gelangen. Schon sprechen die Ersten von einer baldigen Rezession in den Vereinigten Staaten, Pessimisten fürchten größere Bankenpleiten. Im Herbst wird es turbulent. Innerhalb einer Woche treten zwei Chefs amerikanischer Großbanken wegen schlechter Ergebnisse zurück: Stan O'Neal von Merrill Lynch Ende Oktober und am 4. November der Chef der Citigroup, Charles Prince. Von Letzterem stammt der berühmte Ausspruch: »Solange die Musik spielt, muss man aufstehen und tanzen.« Die Musik ist im Winter 2007 deutlich leiser geworden.

Nur eine kleine unbeugsame Gemeinschaft scheint von diesen Ereignissen wenig erschüttert: die Ökonomen. Es ist, als hätten sie sich kollektiv an einem Zaubertrank der Zuversicht berauscht. Am 7. November, wenige Tage nach den spektakulären Rücktritten in Amerika, tritt Deutschlands berühmtestes Ökonomengremium vor die Kameras: der Sachverständigenrat zur Begutachtung der gesamtwirtschaftlichen Entwicklung, der Rat der fünf Wirtschaftsweisen. Er stellt sein neues Gutachten vor und seine Prognose. In der Pressemitteilung dazu heißt es, die deutsche Volkswirtschaft präsentiere sich 2007 »weiterhin in einer guten Verfassung«. Da die weltwirtschaftlichen Risiken gestiegen seien, werde die Expansion sich allerdings verlangsamen; die Wirtschaftsweisen rechneten für das kommende Jahr 2008 mit einem Wachstum in Höhe von 1,9 Prozent. Und dann kommt der Satz, der am deutlichsten zeigt, wie wenig die Volkswirte die Dramatik des Krisenjahres 2008 vorhersahen. Der Rat verkündet: »Diese Abschwächung der Dynamik ist aber kein Indiz dafür, dass der Aufschwung zum Erliegen kommt oder gar eine Rezession bevorsteht.« Um es noch einmal deutlich zu sagen: Das Gremium sieht für 2008 noch nicht einmal ein Ende des Aufschwungs vorher, geschweige denn die Rezession, die kommen sollte. Die Wirtschaftsfachleute glauben, der Aufschwung ginge weiter – in etwas gemächlicherem Tempo.

Gut einen Monat später, am 13. Dezember 2007, geben auch die beiden renommierten Forschungsinstitute Ifo in München und Institut für Weltwirtschaft in Kiel (IfW) parallel ihre Konjunkturprognose für das Jahr 2008 ab. In ihren Berichten taucht die Finanzkrise selbstverständlich auf, und die Forscher berichten auch über schlechtere weltwirtschaftliche Rahmenbedingungen oder neue weltwirtschaftliche Risiken, doch in ihren Zahlen für Deutschland zeigen sie sich trotzdem nur wenig beunruhigt. Im Gegenteil: Aktuell sehen sie die Welt beinahe rosarot. Die Exporte boomen, die Arbeitslosigkeit sinkt. Diese gute Lage macht ihnen offenbar Hoffnung, dass es eine Weile recht gut weitergeht – trotz Bankenkrise. Jedenfalls sind die Prognosen optimistisch: Im kommenden Jahr werde die Wirtschaft um 1,8 Prozent (Ifo) beziehungsweise 1,9 Prozent (IfW) wachsen, und auch 2009 soll es noch positiv weitergehen. »Die Konjunkturdynamik verringert sich etwas, was aber nicht heißt, dass wir den Gipfel schon erreicht hätten«, verkündet Hans-Werner Sinn den versammelten Journalisten. »Der Gipfel liegt noch vor uns.« Das stimmt damals sogar noch ganz knapp. Doch ein halbes Jahr später werden beide Institute noch einmal korrigieren – und zwar nach oben! Im Juni 2008 erwarten beide auf einmal mehr als 2 Prozent Wachstum für das laufende Jahr. Den Höhepunkt der Fehleinschätzung liefert das Deutsche Institut für Wirtschaftsforschung im Juli 2008, als es sage und schreibe 2,7 Prozent Wachstum vorhersieht.

Was die Prognostiker im Sommer 2008 noch nicht wissen: Der Gipfel liegt längst hinter ihnen, wurde er doch schon in den ersten drei Monaten des Jahres erreicht. Im zweiten Quartal 2008 hingegen beginnt die deutsche Volkswirtschaft zu schrumpfen – erst langsam, dann immer schneller. Im Herbst folgt das Unerwartete: die größte Bankenkrise seit den dreißiger Jahren, seit der Großen Depression. Erst in Amerika, dann auf der ganzen Welt schwächeln die Geldinstitute und müssen vom Staat gerettet werden, um nicht ganz zusammenzubrechen. Die Pleite der großen Investmentbank Lehman Brothers am 15. September 2008 macht aus der Finanzkrise binnen Tagen eine weltweite Wirtschaftskrise. Firmen stornieren hektisch ihre Aufträge, stellen Projekte ein und Investitionen zurück. Sie fürchten den ganz großen Zusammenbruch und wollen gewappnet sein. Kurz darauf wird auch das Geld knapp. Verschuldete Unternehmen geraten in Finanznot, denn die Banken knausern und neue Kredite gibt es nur noch gegen hohe Sicherheiten. Andere Firmen verlieren in der Krise ganz plötzlich ihren Ruf als gute Schuldner, weil ihre Produkte von heute auf morgen nicht mehr so gefragt sind wie zuvor, denn viele Firmen stellen die Anschaffung neuer Maschinen und Rohstoffe vorerst zurück. Autohersteller gehören zu den Leidtragenden, ebenso Maschinenbauer, Chemie- und Stahlkonzerne.

Mit den Banken stürzt die Weltwirtschaft ab. Das Jahr 2008 ist am Ende deutlich schwächer als von Ifo und IfW prophezeit: 1,3 Prozent Wachstum – und das auch nur wegen des starken ersten Quartals. Kein bekannter deutscher Konjunkturforscher hat die Schnelligkeit und Heftigkeit des Einbruchs in der zweiten Hälfte des Jahres vorhergesehen. Es galt nicht einmal die alte Prognostikerweisheit, dass man besser liegt, je näher man der Zukunft zeitlich kommt. Alle haben das Jahr 2008 überschätzt, insbesondere als es schon halb vorbei war.

Noch eklatanter sind die Fehleinschätzungen der Prognostiker allerdings, wenn man ihre Vorhersagen für das Jahr 2009 betrachtet. Innerhalb weniger Monate haben die Prognosen sich um 180 Grad gedreht. Im Sommer 2009 ist ein Schrumpfen von 6 Prozent für das laufende Jahr die Mehrheitserwartung; eine Prognose, der man nicht trauen muss, denn ein solcher Einbruch wäre größer als jemals zuvor in der Geschichte der Bundesrepublik, also entsprechend schwierig zu prognostizieren. Nimmt man jedoch diese Erwartung als gegeben, dann kann man frühere Vorhersagen nur noch als eine Art Unterhaltungsliteratur lesen. Der Erheiterung dienen sie in jedem Fall (auch wenn der Wirtschaftseinbruch ansonsten nicht gerade unterhaltsame Konsequenzen hat).

**Tabelle 1: Der Wettlauf nach unten. Prognosen im Überblick**

| Datum | Institution | Prognose/ Wert für 2008 | Prognose für 2009 |
|---|---|---|---|
| 12.3.2007 | IfW Kiel | 2,4 | |
| 19.4.2007 | Gemeinschaftsdiagnose der Forschungsinstitute im Auftrag der Bundesregierung | 2,4 | |
| 25.6.2007 | Ifo Institut | 2,5 | |
| 24.7.2007 | DIW | 2,5 | |
| 13.9.2007 | IfW Kiel | 2,4 | |
| 16.10.2007 | DIW | 2,1 | 1,7 |
| 18.10.2007 | Gemeinschaftsdiagnose | 2,2 | |
| 7.11.2007 | Sachverständigenrat | 1,9 | |
| 17.12.2007 | Deutsche Bundesbank | 1,9 | 1,9 |
| 13.12.2007 | IfW Kiel | 1,9 | 1,6 |
| 13.12.2007 | Ifo Institut | 1,8 | 1,5 |
| 2.1.2008 | DIW | 2,1 | 1,7 |
| 13.3.2008 | IfW Kiel | 1,9 | 1,2 |
| 2.4.2008 | DIW | 2,0 | 1,6 |
| 17.4.2008 | Gemeinschaftsdiagnose | 1,8 | 1,4 |
| 5.6.2008 | IfW Kiel | 2,1 | 1,0 |
| 6.6.2008 | Deutsche Bundesbank | 2,25 | 1,5 |
| 24.6.2008 | Ifo Institut | 2,4 | 1,0 |
| 1.7.2008 | DIW | 2,7 | 1,2 |
| 11.9.2008 | IfW Kiel | 1,9 | 0,2 |
| 8.10.2008 | DIW | 1,9 | 1,0 |
| 14.10.2008 | Gemeinschaftsdiagnose | 1,8 | 0,2 |
| 12.11.2008 | Sachverständigenrat | 1,7 | 0,0 |
| 5.12.2008 | Deutsche Bundesbank | 1,6 | – 0,8 |
| 11.12.2008 | Ifo Institut | 1,5 | – 2,2 |
| 22.12.2008 | IfW Kiel | 1,5 | – 2,7 |
| 7.1.2009 | DIW | 1,6 | – 1,1 |
| 12.3. 2009 | IfW Kiel | 1,3 | – 3,7 |
| 15.4.2009 | DIW | 1,3 | – 4,9 |
| 23.4.2009 | Gemeinschaftsdiagnose | 1,3 | – 6,0 |
| 5.6.2009 | Deutsche Bundesbank | 1,3 | – 6,2 |
| 11.6.2009 | IfW Kiel | 1,3 | – 6,0 |
| 23.6.2009 | Ifo Institut | 1,3 | – 6,3 |

Blicken wir zurück: Im Dezember 2007 prophezeien die Institute Ifo und IfW, dass es auch 2009 weiter aufwärtsgeht, wenn auch etwas langsamer als 2008. Sie erwarten 1,5 und 1,6 Prozent Wachstum. Ein Jahr später sieht die Welt völlig anders aus. Nach dem Beinahe-Zusammenbruch aller Banken ist der Optimismus dahin. Nahezu im Wochenrhythmus korrigieren die Prognostiker Ende 2008 die Vorhersagen nach unten. Im November sind die Wirtschaftsweisen schon bei Stagnation angelangt, also bei Nullwachstum für 2009. Im Dezember dann sieht die Bundesbank ein Schrumpfen (minus 0,8 Prozent) vorher. Kurz darauf entscheiden sich Ifo und IfW für den stärksten Einbruch der Wirtschaft seit dem Zweiten Weltkrieg. Mit einem Minus von 2,2 und 2,7 Prozent für 2009 bieten sie deutlich mehr als die anderen – nur um kurz darauf von sich selbst geschlagen zu werden. Im März 2009 postuliert die Prognose des IfW ein Schrumpfen um 3,7 Prozent, im April geht das DIW hoch auf knapp minus 5 Prozent, und schließlich ist minus 6 Prozent Konsens. Für die deutsche Wirtschaft sieht es auf einmal sehr schlecht aus.

Die Pessimisten liefern sich einen Wettlauf um die negativste Prognose. Bei jedem Auftreten der professionellen Propheten fragt sich der Beobachter: Wer bietet mehr? Und: Wem kann man überhaupt noch trauen? Denn ständig korrigieren die Prognostiker nicht nur die Vorhersagen ihrer Kollegen, sondern auch ihre eigenen Vorhersagen nach unten. Mehr und mehr scheinen ihre Prognosen eher kurzfristige Zustandsbeschreibungen zu sein als verlässliche Zukunftsszenarien. Es ist, als wüssten sie selbst nicht mehr, was sie da vorhersehen. Die Finanzkrise hat die Forscher kalt erwischt und ihre Modelle als ungenügend entlarvt.

Denjenigen, die sich nicht regelmäßig mit dem Wirtschaftswachstum beschäftigen – und das waren in den vergangenen stabilen Jahren viele –, muss verdeutlicht werden, wie sehr die Prognostiker fehlgegriffen haben. Denn auf den ersten Blick könnte der Unterschied zwischen 1 Prozent Wachstum (Vorhersage im Sommer 2008 für 2009) und 6 Prozent Schrumpfen (Vorhersage im Sommer 2009 für 2009) zumindest moderat erscheinen. Es geht ja nur um ein paar Prozentpunkte, mag man denken. Doch das ist ein Irrtum. Die wenigen Prozentpunkte sind äußerst bedeutsam. Das zeigt ein Blick in die Vergangenheit. Seit dem Zweiten Weltkrieg ist die westdeutsche und später gesamtdeutsche Wirtschaft noch in keinem Jahr stärker geschrumpft als um 0,9 Prozent. Das war im Jahr 1975. Zwei Jahre zuvor war der Ölpreis plötzlich rasant gestiegen; in der Folge stiegen auch viele andere Preise; als Reaktion darauf stellten die Gewerkschaften hohe Lohnforderungen. Die Unternehmen gerieten von zwei Seiten in Bedrängnis: teures Öl und teure Arbeitskräfte. Deutschland driftete in die Rezession ab.

Was das bedeutet, lässt sich besonders gut am Arbeitsmarkt zeigen. 1975 sollte als das Jahr in die deutsche Geschichte eingehen, in dem erstmals über eine Million Deutsche arbeitslos waren; ganz abgesehen von den fast eine Million Kurzarbeitern, die es auch damals schon gab. Zugleich markiert dieses Jahr das Ende einer Epoche, an die man sich in Deutschland gerne gewöhnt hatte: Das Zeitalter der Vollbeschäftigung ging zu Ende. Erstmals wurden Menschen zu Langzeitarbeitslosen, die auch im nächsten Boom keine Arbeit mehr fanden. Nach den Wirtschaftswunderjahren war das ein Schock für die Republik. Das alles geschah, wie gesagt, nach einem Schrumpfen von gerade einmal 0,9 Prozent.

In der Folge gab es nur noch drei weitere Jahre, in denen die deutsche Wirtschaft abnahm – jeweils um weniger als 1 Prozent. Eine Verringerung um 6 Prozent, sollte es tatsächlich so weit kommen, wäre also nicht nur etwas völlig Neues für die meisten Deutschen, sondern würde das bisher Erlebte sogar um ein Vielfaches übersteigen.

Welche konkreten Folgen das haben wird, ist unklar. Klammert man einmal die katastrophalen Folgen des Zweiten Weltkriegs aus, dann hat es seit der Weltwirtschaftskrise in den dreißiger Jahren solch schlechte Zahlen, wie wir sie jetzt in Deutschland sehen, nicht gegeben. Damals führte das in eine Tristesse aus Massenarbeitslosigkeit und Firmenpleiten. Das ist beachtlich und zeigt, wie viel jeder einzelne Prozentpunkt Negativwachstum ausmachen kann. Heute hoffen die Deutschen, eine Wiederholung der Weltwirtschaftskrise durch kluge Politik verhindern zu können. Außerdem sind sie im Schnitt reicher und können einen Rückgang finanziell besser verkraften. Zudem bleibt es natürlich weiterhin fraglich, ob die aktuell sehr düsteren Prognosen Bestand haben. Zum Redaktionsschluss dieses Buches deutete sich schon wieder mehr Optimismus unter den Konjunkturforschern an. Vielleicht werde 2009 doch nicht so schlimm werden wie eben noch erwartet, munkelte man.

Nichtsdestotrotz: Der Rückblick zeigt, in welch unglaublichem Ausmaß Prognostiker sich verschätzen. Ein leicht abgeschwächtes Wachstum vorherzusagen, nur um ein Jahr später einen Einbruch von den Ausmaßen einer Weltwirtschaftskrise zu attestieren – das gleicht dem Zickzacklauf eines Menschen, dem die Augen verbunden wurden. Es wäre hilfreich gewesen, hätten die Forscher den Einbruch der Wirtschaft ein wenig früher erkannt oder zumindest ehrlich zugegeben, dass sie im Nebel stochern. Denn schließlich posaunen sie ihre Prognosen nicht ins Nichts hinaus, sondern bewegen damit die Börsen, die Wirtschaft und die Politik. Unternehmen richten ihre Planungen daran aus, Politiker ihre Konjunkturpakete oder Steuererhöhungen, gewöhnliche Menschen ihre Anlagestrategie.

Eine weitere Methode, die Dramatik der Fehlprognosen zu begreifen, liegt darin, sich Faustregeln anzuschauen, die unter Prognostikern kursieren. Etwa diese: »2 Prozent Schrumpfen bedeutet eine Million mehr Arbeitslose.« Diese Faustregel existiert tatsächlich, auch wenn sich keiner der Wirtschaftspropheten mit solch simplen Aussagen zitieren lassen will. Wenn sie stimmte, würde sie erschreckende Ergebnisse liefern: 6 Prozent Schrumpfen in 2009, das hieße dann über kurz oder lang drei Millionen Arbeitslose mehr! Damit würde sich die Zahl der Arbeitslosen, die 2008 im Schnitt noch bei 3,3 Millionen gelegen hatte, als Folge der Krise beinahe verdoppeln. Das ist hoffentlich Unsinn – denn etwas beinahe nie Dagewesenes mit Faustformeln zu beschreiben ist ziemlich fahrlässig. So hat zum Beispiel die Regierung viele Möglichkeiten, eine solche Entwicklung zumindest zu verzögern, etwa durch Kurzarbeit. Das Forschungsinstitut der Bundesagentur für Arbeit rechnete im Sommer 2009 damit, dass es 2010 rund 4,5 Millionen Arbeitslose geben werde. Der Pessimist Norbert Walter von der Deutschen Bank glaubte sogar an fünf Millionen. Die im Auftrag der Bundesregierung erstellte Gemeinschaftsdiagnose ging kurz zuvor von rund 4,7 Millionen Menschen ohne Job aus. Dazu ein kleiner erheiternder Schlenker in die Vergangenheit: Im Frühjahr 2008 hatten die Urheber der Gemeinschaftsdiagnose noch geglaubt, dass die Zahl der Arbeitslosen 2010 auf deutlich weniger als drei Millionen sinken werde. So kann man sich irren.

Es ist für die Prognostiker nichts Neues, dass sie immer mal wieder danebenliegen. Man kann von einer so ungenauen Wissenschaft wie der Vorhersage komplexer Systeme offensichtlich nicht erwarten, dass sie punktgenaue Prophezeiungen hervorbringt. Allerdings werden viele Konjunkturforscher zum Großteil staatlich finanziert: die Wirtschaftsforschungsinstitute, der Sachverständigenrat. Eine wichtige Dienstleistung, die sie für Öffentlichkeit und Politik erbringen sollen, ist die Prognose. Dafür werden sie (unter anderem) bezahlt. Wenn das Geld, das dafür aufgewendet wird, sinnvoll eingesetzt ist, dann sollten die Forscher wenigstens grob die Entwicklungen der Wirtschaft vorhersehen können. So sollten sie rechtzeitig vor Rezessionen warnen und einen Abschwung wie einen Aufschwung näherungsweise in seiner Dimension einschätzen können. Das ist ihnen dieses Mal nicht geglückt. Die Titel der Prognosen des DIW etwa – alle noch im Internet einsehbar – sind geeignet, sich daraus ein schönes Kabarettprogramm zu basteln. Herbstprognose 2007: »Weltwirtschaftliche Expansion nur leicht gedämpft. Rezession nicht wahrscheinlich«, Januar 2008: »Wachstum bleibt stabil«, Frühjahrsprognose 2008: »Weiterhin gute Aussichten für Deutschland«, Juli 2008: »Aufschwung geht in die Verlängerung«, Oktober 2008: »Realwirtschaftliche Auswirkungen der Finanzkrise beherrschbar«.

Auch die Gemeinschaftsdiagnose von acht Forschungsinstituten im Auftrag des Wirtschaftsministeriums hatte im Frühjahr 2008 ein paar Sätze zu bieten, die im Nachhinein erheiternd wirken könnten, wenn die Lage nicht so traurig wäre. Etwa diese:

> Die deutsche Wirtschaft ist jedoch in den vergangenen Jahren robuster geworden, so dass die Gefahr einer Rezession heute geringer ist. So hat sich das Wachstum des Produktionspotentials in den vergangenen Jahren beschleunigt, so dass konjunkturelle Abschläge vom Potentialwachstum nicht mehr so schnell zu einem Rückgang der Produktion führen. (...) Und schließlich erweist sich das deutsche Bankensystem vor dem Hintergrund der internationalen Krise im Finanzsektor als relativ robust.

Für den Normalbürger übersetzt: Die Forschungsinstitute glaubten, dass es zwar große Risiken gebe, dass aber die deutsche Wirtschaft so stark geworden sei, dass die Risiken ihr nicht viel ausmachen könnten. Eine Bankenkrise in Deutschland hielten sie offenbar für sehr unwahrscheinlich. Die Gefahr einer ganz gewöhnlichen Rezession sahen sie als gering an im Vergleich zu vorherigen Abschwüngen. Zudem gingen sie davon aus, dass eine schlechte konjunkturelle Lage sich nicht mehr so schnell auf die Produktion auswirken werde. Das war, wie gesagt, im Frühjahr 2008. Die wenige Monate darauf folgende Bankenkrise mit dem stärksten Einbruch der Produktion seit 60 Jahren hatten sie offenbar nicht auf ihrer Rechnung.

Andere – da muss man fair bleiben – haben zumindest die Tendenzen der wirtschaftlichen Entwicklung etwas besser herausgearbeitet, auch wenn ihre Punktprognosen ebenso falsch waren. Etwa das Ifo Institut, das im Dezember 2007 titelte »Konjunktur verliert an Fahrt« und im Juni 2008: »Aufschwung geht zu Ende«. Oder das Institut für Weltwirtschaft, das am 11. September 2008 immerhin bekanntgab: »Deutsche Konjunktur: Leichte Rezession absehbar«. Vier Tage später musste die große amerikanische Investmentbank Lehman Brothers Insolvenz anmelden und löste damit einen schwarzen Oktober aus. Das Wort »leicht« war zur Beschreibung der darauf folgenden Rezession allerdings unangebracht optimistisch. Das IfW ersetzte es selbst drei Monate später durch die Feststellung »Deutsche Wirtschaft in einer schweren Rezession«.

Die Diagnose ist eindeutig und lautet Prognoseversagen. Offensichtlich sind die Methoden der deutschen Konjunkturforscher unzureichend, um eine Rezession, wie wir sie seit Ende 2008 erleben, in der Tendenz und im Ausmaß korrekt vorherzusehen. Angesichts der Ergebnisse möchte man mit dem alten Weisen John Kenneth Galbraith seufzen: »Der einzige Sinn ökonomischer Prognosen ist es, die Astrologie respektabel aussehen lassen.« Die ersten Nicht-Prognostiker regen an, Wirtschaftsprognosen ganz abzuschaffen.

Doch es ist voreilig, allein die Konjunkturforscher zu verurteilen. Denn im Prinzip erfüllen sie eine wichtige Aufgabe – wären sie dabei nur erfolgreich. Es läge im Interesse aller, würden Abschwünge rechtzeitig erkannt. Dann könnten sie nämlich frühzeitig bekämpft werden. Also sind Warnungen vor Fehlentwicklungen grundsätzlich sehr erwünscht, und der Versuch ihrer Vorhersage sollte nicht gleich eingestellt werden. Dazu kommt, dass die Konjunkturforscher, die bis jetzt zitiert wurden, nur eine kleine Gruppe unter den zahlreichen Wirtschaftsexperten bilden. Sie sind zwar diejenigen Ökonomen, die am lautesten für sich reklamieren, in die Zukunft blicken zu können. Aber sie arbeiten alle mit ähnlichen Methoden und nutzen dazu alle die gleichen beschränkten

Daten aus der Vergangenheit. In der weiten Welt der Ökonomie gibt es aber noch ganz andere Methoden und Herangehensweisen. Es gibt Tausende Ökonomen in Deutschland und noch viele mehr auf der Welt. Sie beobachten jeden Winkel der Wirtschaft: die Finanzmärkte mit den neuartigen Derivaten genauso wie den amerikanischen Immobilienmarkt oder die deutsche Exportindustrie. Auch sie blicken, jeder auf seine Art, stets ein wenig in die Zukunft. Haben sie vielleicht die Krise gesehen? Können die Prognostiker vielleicht von ihnen lernen?

## Die anderen Ökonomen – Blind für den Crash

Es ist Ende 2007, die Ökonomen sind zufrieden mit der wirtschaftlichen Entwicklung des laufenden Jahres in Deutschland und denken so langsam an 2008. Die Journalisten auch. Der wohl bekannteste Volkswirt Deutschlands, Ifo-Präsident Hans-Werner Sinn, wird von der *Süddeutschen Zeitung* im Interview gefragt, ob wir womöglich vor einer globalen Bankenkrise stünden. »Nein«, sagt Sinn. »Die Banken sind zwar vorsichtig geworden und verlangen in Amerika einen höheren Hypothekenzins. Sie vergeben häufig auch keine Kredite mehr. Ich glaube aber nicht, dass die Banken das Hauptproblem sind.« Eineinhalb Jahre später klingt das ganz anders. Sinns aktueller, akribisch recherchierter Bestseller zur Krise trägt den Titel *Kasino-Kapitalismus*. Er handelt in großen Teilen von Bankern, die versagt haben, weil sie falsch reguliert wurden, und von Zockern am internationalen Finanzmarkt. Im dritten Kapitel schreibt Sinn: »Die Bankenkrise nahm schon im August des Jahres 2007 ihren Anfang«, und weiter: »Das Jahr 2008 wird als das Jahr des großen Bankensterbens in die Geschichte eingehen.« In der Einleitung stellt er fest: »Die Finanzkrise ist (...) eine Krise des angelsächsischen Finanzsystems, das zum Kasino-Kapitalismus mutierte und leider auch in Europa immer mehr Nachahmer gefunden hat.« Offensichtlich hat Sinn seine Meinung geändert.

Dies ist nur ein Beispiel für die Irrungen und Wirrungen der deutschen Ökonomen in den vergangenen Jahren. Die prägnantesten Fehlprognosen für Deutschland wurden im ersten Halbjahr 2008 getroffen, als die Gefahren eigentlich schon sichtbar waren, sozusagen kurz vorm Exitus. Ihren Anteil daran hatten allerlei prominente Volkswirte, vom

Wirtschaftsweisen Bert Rürup über den Chef des Hamburgischen Weltwirtschaftsinstituts Thomas Straubhaar bis zum Bundesbankpräsidenten Axel Weber. Sie alle dachten oder hofften laut, Deutschland werde glimpflich davonkommen. Straubhaar glaubte sogar noch lange, dass vielleicht sogar Amerika der Rezession entkommen könnte. Keiner von ihnen sah die Krise am Horizont. Keiner sah den Beinahe-Zusammenbruch der großen Banken überall auf der Welt. Keiner sah die dramatischen Folgen der Finanzkrise für die ganz normale Wirtschaft. Zumindest bekannte das niemand öffentlich oder wagte gar zu warnen. Keiner hat die Öffentlichkeit auf die Krise vorbereitet.

Doch es gibt Schlimmeres als diese Kurzsichtigkeit kurz vor dem Abgrund. Denn die Prognose eines Umschwungs in der Wirtschaft war von jeher besonders schwierig. Schlimmer als das Vermasseln kurz vor Schluss ist, dass Gefahren, die sich über lange Jahre aufgebaut haben, nicht gesehen oder zumindest nur in Teilen erkannt wurden. Auch dafür gibt es prominente Beispiele.

Ein Rückblick in den November 2004. In Deutschland diskutieren die Ökonomen über die Arbeitslosigkeit, die immer weiter steigt, sie fordern Reformen und nennen das eigene Land den »kranken Mann Europas«. Der Wirtschaftsweise Peter Bofinger jedoch schreibt ein Buch mit dem Titel *Wir sind besser, als wir glauben*. Dort findet er viele Argumente dafür, wieso Deutschland sich in seiner Wirtschaftspolitik wieder mehr an dem Ökonomen John Maynard Keynes orientieren sollte – er präsentiert Ideen, von denen einige heute wieder Mehrheitsmeinung sind. Doch Bofinger schreibt auch über die amerikanische Notenbank und ihren damaligen Chef Alan Greenspan. Der verteilt die Dollars in mauen Zeiten für die Wirtschaft besonders billig an die Banken, um die Konjunktur anzukurbeln, verlangt also nur äußerst niedrige Zinsen; die Europäische Zentralbank ist da viel vorsichtiger und senkt ihre Zinsen nicht so schnell. Bofinger lobt die amerikanische Art, das Geld zu verteilen. Greenspans Politik des billigen Geldes schon in den neunziger Jahren nennt er wagemutig und urteilt: »Dies beflügelte die Wirtschaft enorm.« Er lobt auch die zum Zeitpunkt des Erscheinens des Buchs aktuelle Geldpolitik der amerikanischen Zentralbank, die sehr niedrige Zinsen verlangt, und kritisiert die im Vergleich zögerliche Europäische Zentralbank. Über die Jahre 2000 bis 2004 schreibt Bofinger:

»Bei dieser Ladehemmung der Fiskalpolitik hätte Euroland nun dringend einer Unterstützung durch die Zinspolitik der Europäischen Zentralbank bedurft. (...) Im Vergleich zur amerikanischen Notenbank ließ die EZB sich jedoch bei ihren Entscheidungen sehr viel Zeit und hielt sich auch bei der Dosierung zurück. (...) Ein vorausschauendes Handeln und eine gewisse Risikobereitschaft, wie sie bei den Entscheidungen der amerikanischen Notenbank zu erkennen sind, sind bei der EZB nicht ohne Weiteres zu erkennen.«

Das ist ein indirektes Loblied auf Alan Greenspan, der damals gern »Magier der Geldpolitik« genannt wurde.

In Bofingers aktuellem Buch klingt das ganz anders. Dort ist Alan Greenspan auf einmal schuld am Höhenflug der Finanzwirtschaft, der in die Krise führte. »In den Jahren 2003 bis 2005 stellte er den Banken zeitweise Liquidität fast zum Nulltarif zur Verfügung, obwohl die Wirtschaft kerngesund war«, schreibt Bofinger nun vorwurfsvoll. »Ganz wie im Lehrbuch der Finanzierungstheorie entstand durch das billige Geld ein starker Anreiz, Finanzinvestitionen mit einem möglichst hohen Verschuldungsgrad einzugehen. So begannen überall exotische Finanzprodukte zu wuchern, die wie Schlingpflanzen immer stärker das reguläre Bankgeschäft erdrückten.«

Diese Interpretation der Finanzkrise findet nicht jeder Ökonom zutreffend. Manche, wie etwa Hans-Werner Sinn, glauben, dass Alan Greenspan keine Schuld an der Krise trifft. Wer von ihnen Recht hat, soll hier gar nicht entschieden werden. Klar ist aber: Bofinger hat seine Meinung grundlegend geändert. Und nicht nur das. Er bezieht sich in seiner neuen Kritik an der amerikanischen Zentralbank sogar in etwa auf die Zeit, in der sein vorheriges Buch mit dem Loblied auf Greenspan erschienen war. Hätte er doch damals schon gewarnt! Doch 2004 sah er alles offenbar noch anders. An anderer Stelle in seinem aktuellen Buch schreibt der Wirtschaftsweise, Greenspan sei von vielen Menschen lange Zeit als Maestro, als der Hohepriester des Kapitalismus bewundert worden. Was er verschweigt: Auch er selbst hat diese Bewunderung geteilt. Nach einer Krise sieht man eben so manches anders. Das ging nicht nur Bofinger so.

In Amerika kommen Anfang 2003 die berühmtesten Ökonomen des Landes zusammen, zum Jahrestreffen der einflussreichen *American Economic Association*. Ihr damaliger Präsident Robert Lucas hält seine Eröffnungsrede. Der Volkswirt bekam 1995 den Nobelpreis für Wirtschaftswissenschaften dafür, dass er die Hypothese rationaler Erwartungen entwickelt hat. Damit, so die Preisbegründung, hat er »die makroökonomische Analyse verändert und unser Verständnis der Wirtschaftspolitik vertieft«. Ebendieser Robert Lucas postuliert acht Jahre später in seiner Ansprache gegenüber seinen Kollegen etwas Erstaunliches:

> Die Makroökonomie wurde in den 1940er Jahren geboren als Teil einer intellektuellen Antwort auf die Große Depression. (…) Meine These in diesem Vortrag ist, dass die Makroökonomie in ihrem ursprünglichen Sinn ans Ziel gekommen ist: Das zentrale Problem der Depressionsvermeidung ist in jeder praktischen Hinsicht gelöst, und es ist gelöst seit Jahrzehnten.

Man muss sich diese These auf der Zunge zergehen lassen: Die Depressionsvermeidung ist geschafft; eines der wichtigsten Ziele jeglicher Wirtschaftspolitik und -theorie ist erreicht. Die große Frage, wie die Große Depression zu verhindern gewesen wäre, der heilige Gral der Makroökonomie, er ist gefunden. Meint zumindest der Nobelpreisträger. Nachdem dieses elementare Problem gelöst ist, will er sich nun offenbar edleren Zielen zuwenden.

Man kann nur froh sein, dass Lucas' Rede nach Berichten von Beobachtern so trocken und so kompliziert war, dass er am Ende ein Drittel seiner Zuhörer an die diversen Cocktail-Partys verloren hatte, die rundherum stattfanden. Denn Lucas lag – leider – falsch. Sechs Jahre später steckt sein eigenes Land in einer Rezession, die in ihrer Dauer und Tiefe so nicht mehr da gewesen ist seit den Zeiten der Großen Depression. Zwischen Dezember 2007, dem Anfang der Rezession in Amerika, und Sommer 2009 haben mehr als sechs Millionen Amerikaner ihren Job verloren, die Arbeitslosenrate stieg um 4,5 Prozentpunkte auf 9,5 Prozent. Banken sind kollabiert, die Regierung musste sich so hoch verschulden, dass mancher an ihrer künftigen Zahlungsfähigkeit zweifelt. Schon ist die Rede vom Abstieg Amerikas als wirtschaftliche Supermacht. Das ist zwar noch keine Große Depression, aber das ist auch kein gewöhnlicher Abschwung. Und von einer tiefen Depression am amerikanischen Immobilienmarkt ist längst die Rede.

Irren ist menschlich – und offenbar ist Irren auch unter berühmten Ökonomen weit verbreitet, obgleich diese Spezies Mensch ihre Thesen gerne mit so viel Überzeugung in den Raum wirft, dass ein Irrtum ausgeschlossen scheint. Aber nein: Prominente Ökonomen in aller Welt sind entweder von der Krise widerlegt worden oder haben sogar in aller Öffentlichkeit ihre Ansichten geändert, auch wenn sie ungern darüber reden. Aber sie tun es fast alle: Sie ändern ihre Meinung über die Fähigkeiten des einst hoch geschätzten Alan Greenspan. Sie geben in Interviews auf einmal überraschend marktskeptische Antworten. Sie gehen auf die Suche nach besseren Erklärungen für das, was in der Welt passiert – besser als die Theorien, an die sie bisher geglaubt hatten.

Trauen Sie keinem Ökonomen, der einen Vortrag hält und so überzeugend wirkt, als hätte er alles immer schon geahnt! Es ist sehr unwahrscheinlich, dass er es vorausgesehen hat. Denn wenn es den Volkswirten in den vergangenen Jahren an etwas mangelte, dann war es die Vorstellung, dass eine Krise entstehen könnte, die das gesamte System in seinen Grundfesten erschüttern würde. Das System lief ja so gut, wie geschmiert, kleinere Ausschläge gab es, aber die bekam man schnell in den Griff. So der herrschende Irrglaube.

Deshalb ist nicht nur von Bedeutung, welche Ansichten der Ökonomen sich heute als falsch erwiesen haben oder welche sie selbst als falsch erkannt und revidiert haben. Zentral ist auch, was sie vor der Krise *nicht* gesagt haben oder nur ganz leise geäußert, was sie etwa nur in Fachkreisen unter Ausschluss der Öffentlichkeit diskutierten. Dort, hinter den Kulissen, ist das eine oder andere warnende Wort gefallen. Dort sind viele Aspekte der Krise vor- oder andiskutiert worden. Denn natürlich hat eine ganze Reihe von Volkswirten einen Teil der Probleme schon vor der Krise erkannt. Der eine beobachtete die amerikanischen Hauspreise mit Sorge, der andere war beunruhigt, weil die Amerikaner so wenig sparten, der Dritte fand die Politik des billigen Geldes im Amerika gefährlich, der Vierte sah es mit Sorge, dass die Banken das systemische Risiko ihres Handelns vernachlässigten. Doch die Volkswirte machten einen Fehler: Sie haben die Dimension der Gefahr nicht erkannt und deshalb ihre Erkenntnisse nicht laut und öffentlich bekanntgegeben. Sie haben die Politik nicht mit aller Medienmacht aufgefordert, etwas zu ändern, bevor es zu spät war. Das lag wohl zumeist daran, dass sie es nicht vermocht haben, die einzelnen Kritikpunkte, die vielen Teile des Puzzles, zum großen Ganzen zusammenzusetzen. Das ist bedauerlich, denn das Puzzle hätte ein verheerendes Bild gezeigt: Krise, auch in Deutschland.

Es gab nur einzelne Warner, die fast alle Puzzlestücke richtig zusammensetzten. Dazu gehörten in Amerika Robert Shiller und Nouriel Roubini, in Deutschland vielleicht Max Otte und einzelne Analysten. Doch sie blieben Außenseiter im weitgehend gleich denkenden Heer der Volkswirte. Dabei war es nicht so, dass man sie nicht ab und zu anhörte – das gilt zumindest für Roubini und Shiller, die an bekannten amerikanischen Universitäten unterrichten. Doch sie wurden eine Zeit lang eher als Teil des Unterhaltungsprogramms wahrgenommen denn als ernst zu nehmende Warner, worauf etwa Roubinis heute populärer Spitzname »Dr. Doom« (Doktor Untergang) hindeutet. Erst als die Krise ihre ganze Dramatik zeigte, wurden auch die mahnenden Stimmen ernst genommen.

Neben den Warnern gab es noch diejenigen, zahlreich vertretenen Volkswirte, die einzelne Aspekte der Krise frühzeitig erkannten. Hier hat beinahe jeder Ökonom irgendetwas vorzuweisen und Versäumnisse in der Kommunikation zu bekennen. So warnten viele vor den größer werdenden Ungleichgewichten auf dem Weltmarkt, vor allem vor der hohen Verschuldung der Amerikaner, mit der es so nicht weitergehen könne, etwa der Bundesbankpräsident Axel Weber oder auch der Wirtschaftsweise Peter Bofinger. Doch sie entwarfen weder überzeugende Szenarien, mit welch dramatischen Folgen diese Ungleichgewichte einmal beseitigt werden würden, noch machten sie schnell umsetzbare Vorschläge, wie man diese Ungleichgewichte sanft wieder loswerden könnte. So empfahl Axel Weber etwa in einer Rede aus dem Jahr 2007 den Europäern, ihr Wirtschaftswachstum zu erhöhen, um die Ungleichgewichte in den Griff zu bekommen. Das allerdings ist seit jeher das Ziel der deutschen Wirtschaftspolitik, ist auch sicher richtig, aber taugt doch wenig als Handlungsanweisung.

Ebenso vage hielt es der Rat der Wirtschaftsweisen, der im Jahr 2006 den Ungleichgewichten gleich ein ganzes Kapitel seines Gutachtens widmete. Er kam zwar zum Schluss, dass die Amerikaner ihre hohe Verschuldung nicht für immer und ewig aufrechterhalten könnten, nannte die Nettoauslandsverschuldung jedoch »zum gegenwärtigen Zeitpunkt noch nicht besorgniserregend«. Zudem wirkte der Schluss des Kapitels wie ein starkes Beruhigungsmittel: »Es besteht (...) weithin Konsens, dass die für einen Abbau der Ungleichgewichte als wahrscheinlich angesehenen Basisszenarien vergleichsweise geringe Risiken für die wirtschaftliche Entwicklung in Deutschland bedeuten.« Das klingt nicht gerade, als müsse man sich Sorgen machen. Im ebenfalls diskutierten Risikoszenario ging es dann zwar auch um eine mögliche schwere Rezession in den Vereinigten Staaten, jedoch begleitet von einer starken Abwertung des Dollars; das sollte nicht das Problem der Finanzkrise werden.

Ein anderes Beispiel für das Erkennen interessanter Teilaspekte der Krise sind frühe Arbeiten von Hans-Werner Sinn zum Systemwettbewerb. Dort beschreibt Sinn, dass die meisten Länder der Welt um die Ansiedlung von Unternehmen konkurrieren, was zu einem Wettbewerb der politischen und wirtschaftlichen Systeme führt. Er nennt dabei auch die Banken, die sich verstärkt dort niederlassen, wo die Bankenaufsicht möglichst lasch ist. Das kann, so Sinns These, unter den Ländern, die Finanzplatz sein wollen, zu einem gefährlichen Deregulierungswettlauf führen. Das ist ein interessanter Gedanke, der sicherlich dazu getaugt hätte, die Politik frühzeitig zu warnen, wenn man ihm gefolgt und stärker ins Detail gegangen wäre. Doch als Hans-Werner Sinn seine Beobachtung im Jahr 2001 vor der versammelten Ökonomenschar des Vereins für Socialpolitik vorträgt, leitet er daraus keine konkrete Warnung ab. Er entwickelt kein Krisenszenario, das die mögliche Dramatik des Problems angemessen beschreibt. Seine Rede erwähnt diese Art des Systemwettbewerbs vielmehr als drittes von drei Beispielen. Der kurze Ausflug zu den Banken schließt mit dem Satz: »Insofern sind die Bemühungen der BIZ [Bank für Internationalen Zahlungsausgleich], mit dem Basel-II-Abkommen eine De-facto-Harmonisierung der Bankenregulierung zu erreichen, ein Schritt in die richtige Richtung.« Sieht so die Warnung vor einer großen Finanzkrise aus? Wohl eher nicht.

Die Beispiele zeigen: Unter den in der Öffentlichkeit stets präsenten Volkswirten hatte sich über lange Jahre ein Krisen-Optimismus verbreitet. Man glaubte, gute Instrumente zu haben, um tiefe Rezessionen zu verhindern. Man glaubte, Deutschland sei vor allem durch seine Arbeitsmarktreformen gut gerüstet, sei im Großen und Ganzen gewappnet gegen Turbulenzen auf den Welt- und Finanzmärkten. Die Mehrheitsmeinung lautete, unser Land sei nun besser auf Krisen vorbereitet als jemals zuvor. Diese Meinung hat sich als falsch erwiesen.

## Hinterher ist man immer schlauer – Ökonomen in der Kritik

Eine Zeit lang, auf dem Höhepunkt der Krise im Herbst 2008, schien es beinahe so, als seien unsere Star-Ökonomen in eine Schockstarre gefallen. Man hörte nicht mehr viel von ihnen. Nur die Prognostiker mussten – das waren sie ihrem festen Zeitplan schuldig – weiterhin öffentlich auftreten und ihre Prophezeiungen unters Volk bringen. Sie lieferten sich dabei einen Wettlauf nach unten, der die Politik und die Öffentlichkeit verwirrte und offensichtlich auch die Prognostiker selbst. Zum Konjunkturgipfel im Kanzleramt kurz vor Weihnachten 2008 wurden sie ebenfalls gerufen – und hatten nichts Rechtes beizutragen. Der damalige Vorsitzende des Sachverständigenrats, Bert Rürup, und der Chef des Deutschen Instituts für Wirtschaftsforschung, Klaus Zimmermann, trugen dort angeblich vor allem vor, was sie über die Konjunktur *nicht* wussten. Kurz zusammengefasst: Diese Krise sprenge in Geschwindigkeit und Ausmaß alles bisher Dagewesene, deshalb könne man die Daten aus der Vergangenheit nicht verwenden, um die Zukunft zu sehen. Mit Gewissheit könne man nur sagen, dass nichts mehr gewiss sei.

Einen ähnlichen Eindruck konnte gewinnen, wer auf dem Höhepunkt der Krise als Journalist bei der Prominenz der deutschen Volkswirtschaft anrief. Überrascht vom Geschehen, war sie gerade erst dabei, das Ganze für sich zu sortieren. Zum ersten Mal seit vielen Jahren schien sie nicht klüger zu sein als jeder andere, der die aktuellen Nachrichten verfolgte. Zum ersten Mal hatte sie keine über den gesunden Menschenverstand hinausgehenden Ratschläge parat. Ja, sie war teilweise sogar ratlos und desorientiert. Die Journalisten und Politiker diskutierten derweil die Zukunft der Wirtschaft bevorzugt mit Bankern, Unternehmern, Managern und mit sich selbst. Nur die wenigen auf Finanzmärkte spezialisierten Ökonomen konnten sofort mitreden. Die Allrounder unter den Volkswirten hingegen waren überfragt. Das war die Öffentlichkeit von ihnen nicht gewohnt.

Sie musste sich aber auch gar nicht daran gewöhnen, denn diese Phase war bald vorbei – bei manchen nach wenigen Wochen, bei anderen nach ein paar Monaten. Dann hatten die Star-Ökonomen sich wieder im Griff, zeigten sich eingearbeitet in die Finanz-Alchemie und mischten sich wieder ein, als sei nichts geschehen. Sie präsentierten ihre Krisenlösungsvorschläge, wie sie einst ihre Reformen für den Arbeitsmarkt präsentiert hatten. Sie forderten eine bessere Bankenregulierung, monierten Fehler im Rettungspaket und diskutierten, ob ein Konjunkturpaket vonnöten sei. Auf einmal konnten sie ganz konkret die Gründe für die Krise benennen und vermittelten gerne den Eindruck, als hätten sie alles immer schon geahnt. Die eigenen Fehler verdrängten sie – und wunderten sich, dass sie nicht mehr so vorbehaltlos angehört wurden wie bisher. Vielmehr schlug ihnen auf einmal ein harter Wind entgegen, ein wahrer Sturm der Entrüstung, deutlich stärker, als sie es sowieso schon zu normalen Zeiten erlebt hatten (denn Ökonomen gehörten leider noch nie zu den beliebtesten Zeitgenossen).

So schimpfte der Vorsitzende der SPD-Fraktion im Bundestag, Peter Struck, nach dem neuen Gutachten der Wirtschaftsweisen im November 2008 ganz offen über das einst so angesehene Gremium. »Ich glaube denen kein Wort«, sagte er. Mit ihren Prognosen produzierten »diese sogenannten Weisen vor allem viel heiße Luft«. Interessanterweise teilte er diese Sätze nicht dem *Handelsblatt* mit oder einem ökonomischen Fachmagazin. Er wählte für seinen Wutausbruch die Wochenzeitschrift *Super Illu*, die sich eher durch sentimentale News über einstige DDR-Prominenz als durch die Behandlung ökonomischer Themen einen Namen gemacht hat. Doch sie hat Leser, ist in Ostdeutschland die größte Kaufzeitschrift und erreicht dort nach eigenen Angaben mehr Menschen als *Der Spiegel*, *Focus*, *Stern* und *Bunte* zusammen. Dort also, mitten auf dem Boulevard, bekannte Struck, er habe Bundesfinanzminister Peer Steinbrück vorgeschlagen, den Sachverständigenrat zur Begutachtung der gesamtwirtschaftlichen Entwicklung abzuschaffen. »Ich finde, wir haben genug Sachverstand in den Ministerien, um Erkenntnisse zu sammeln, und genug Sachverstand in der Politik, um die richtigen Konsequenzen daraus zu ziehen«, sagte er. Dieser Vorschlag wurde zwar bisher von der Regierung nicht weiter verfolgt, zeigt aber, wie sehr das Ansehen der professionellen Prognostiker unter der Krise gelitten hat und wie populär das Ökonomen-Bashing geworden ist.

Struck war nicht der einzige Politiker, der sich kritisch äußerte. Finanzminister Steinbrück, selbst ein studierter Ökonom, soll in der Zeit der großen Rettungs- und Konjunkturpakete hinter den Kulissen wenig Gelegenheiten ausgelassen haben, sich über die falschen Vorhersagen zu mokieren und sich über den Pessimismus unter den Prognostikern zu beschweren. Als der Chefvolkswirt der Deutschen Bank, Norbert Walter, einmal besonders pessimistische Prophezeiungen ausstieß, soll Steinbrück sogar bei Walters oberstem Chef Josef Ackermann persönlich interveniert haben. Das erzählt zumindest Norbert Walter – und zeigt sich empört, denn solches Gebaren waren Ökonomen bisher in Deutschland nicht gewohnt.

Selbst die Bundeskanzlerin – normalerweise mit Kritik in der Öffentlichkeit vorsichtig – hat auf ihre Merkelsche Art den Wirtschaftswissenschaftlern öffentlich die Leviten gelesen. In einem Interview am 11. Juni des Jahres 2009 wurde sie von der ZDF-Moderatorin Maybrit Illner darauf angesprochen, dass die Wirtschaftsweisen die Hilfe des Staates für Opel kritisiert hatten. Die Ökonomen hatten gewarnt, mit dem Verzicht auf ein Insolvenzverfahren für den Autobauer sei ein gefährlicher Präzedenzfall geschaffen worden. Merkel entgegnete mit ruhiger Stimme Folgendes:

> Es ist nicht das erste Mal, dass wir von Wirtschaftsweisen kritisiert werden, aber es haben sich viele Wirtschaftskenner auch ziemlich geirrt in den letzten Jahren. Und deshalb nehme ich es mir heraus, jetzt politisch so zu entscheiden, wie wir entschieden haben.

Das sind die Worte einer Bundeskanzlerin, die der CDU angehört, einer Partei, die traditionell immer recht offen war, wenn es um Empfehlungen von Wirtschaftsfachleuten ging. Wenn sie solche Sätze schon in aller Öffentlichkeit gebraucht, dann bekommt man eine Ahnung, wie sehr sie die ökonomischen Berater im stillen Kämmerlein gescholten haben mag. Immerhin hatte der Präsident des Deutschen Instituts für Wirtschaftsforschung, Klaus Zimmermann, schon Monate zuvor einmal angedeutet, dass die Konjunkturforscher Ende 2008 im Kanzleramt gemahnt worden waren. Es sei darüber gesprochen worden, dass die Ökonomen alle verwirrten, sagte er.

Es sind vor allem die falschen Prognosen, die die heutigen Ratschläge der Wirtschaftswissenschaftler in Misskredit bringen. Zur Verwirrung trägt auch bei, dass es eine Vielfalt von Ratschlägen zur Lösung der Krise gibt. Peer Steinbrück etwa machte sich öffentlich darüber lustig, dass ihm auf dem Höhepunkt der Krise jeden Morgen mindestens drei

Ökonomen, von denen er angeblich »noch nie gehört« hatte, kluge Ratschläge über die Zeitung erteilten. Auch VWL-Studenten spötteln heute gerne über den Ökonomen als Politikberater, der in dieser Krise häufig Vertreter anderer Disziplinen zur Hilfe rufen muss. Ein alter Witz macht an den Universitäten wieder die Runde:

> Ein Mann in einem Ballon fragt einen anderen am Boden nach dem Weg. Woran erkennt man nun, dass der Ballonfahrer ein Ökonom und der am Boden ein Jurist sein muss? Ganz einfach: Der Ballonfahrer hat zunächst einmal einen Haufen heißer Luft produziert, dann ist er in irgendwelchen Sphären umhergeschwebt, und als er nicht mehr weiterwusste, hat er einen Juristen nach dem richtigen Weg gefragt.

Das öffentliche Bild des Volkswirts als Politikberater kann nicht mehr viel schlimmer werden.

## Schluss mit dem Unsinn? Ökonomen in der Sinnkrise

Die Fähigkeit zur Selbstkritik ist nicht die erste Eigenschaft, die ein erfolgreicher Ökonom mitbringen muss. Doch nach all diesen Anfeindungen von außen kommt auch die wissenschaftliche Zunft der Volkswirte nicht umhin, sich dem eigenen Versagen zu widmen. Die Wirtschaftskrise hat die Ökonomen in eine Sinnkrise gestürzt. Die Debatte hat gerade erst begonnen. Die Fragen lauten: Was ist da schiefgelaufen? Und was kann Ökonomie überhaupt?

Mittlerweile diskutieren die deutschen Volkswirte so heftig über die Fehler ihrer Wissenschaft, dass man sich wundert, ob es manche Streithähne überhaupt noch gemeinsam auf einem Podium aushalten könnten – oder ob sie sich dann zerfleischen würden. Ganz öffentlich greifen sie einander an, beschuldigen manchmal sich selbst, meistens aber die anderen, vieles, wenn nicht alles falsch gemacht zu haben. Sie geben Interviews zum Thema, halten Vorträge, veröffentlichen Aufrufe, Aufsätze, wissenschaftliche Papiere. Es ist eine reichlich unübersichtliche Diskussion. Prognostiker klagen sich selbst an, Keynesianer und Wachstumsskeptiker triumphieren, Ordnungspolitiker attackieren moderne Makroökonomen, die wiederum schimpfen zurück, während die Psychologen unter den Volkswirten Lob einheimsen und die Konjunkturtheoretiker österreichischer Schule sich selbst beglückwünschen. Grob kann man in der Diskussion zwei Stränge ausmachen: Die einen diskutieren über Sinn, Zweck und Methoden von Konjunkturprognosen. Die anderen werden viel grundsätzlicher und diskutieren über Sinn, Zweck und Methoden der gesamten Ökonomie.

Da die in der Öffentlichkeit sichtbarsten Fehlgriffe der Ökonomen ihre Prognosen sind, geriet die Zunft auch zuerst darüber in Streit. Es war DIW-Chef Klaus Zimmermann, der sein Versagen als Erster öffentlich anprangerte. Sein Institut hatte sich im Jahr 2008 mit sehr optimistischen Vorhersagen ganz besonders blamiert. Schon im Jahr zuvor war es von der Bundesregierung aus der Gemeinschaftsdiagnose zur Konjunkturentwicklung ausgeschlossen worden, worauf Zimmermann damals heftig protestiert hatte. Ende 2008 aber erkannte Zimmermann offensichtlich, dass das ständige Korrigieren der Wachstumsprognosen nach unten den Ruf der Konjunkturforscher seines Instituts endgültig ruinieren könnte. Also machte er kurzerhand einen höchst erstaunlichen Vorschlag. Im Dezember 2008, kurz nach seinem 56. Geburtstag, regte er auf dem Konjunkturgipfel im Bundeskanzleramt einen Prognosestopp an. »Wir sollten langsam aufhören, immer neue Horrorprognosen zu produzieren«, sagte er in den folgenden Tagen. Es bestehe bei sehr düsteren Prognosen die Gefahr von sich selbst erfüllenden Prophezeiungen. Damit meint er, dass allein die Prognose einer schlechten Wirtschaftsentwicklung diese auch herbeiführen kann. Der Grund dafür könnte sein, dass die Menschen und vor allem die Unternehmer wegen der Vorhersage pessimistisch werden, weniger konsumieren und investieren und dadurch die Wirtschaft bremsen. Ob das wirklich geschehen kann, ist allerdings unklar.

Zimmermanns Vorschlag löste in der Öffentlichkeit nichtsdestotrotz eine amüsierte Debatte aus. Die Journalisten waren begeistert ob so viel Selbstkritik, den Politikern gefiel es ebenfalls, dass die ewigen Besserwisser und Reform-Forderer sich selbst infrage stellten. Zimmermanns Kollegen jedoch waren entrüstet. Nahezu alle bekannten Konjunkturforscher wandten sich gegen diese Idee. Gerne nutzten sie dabei wilde Bilder. Etwa dieses: Eine Lungenentzündung sei nicht heilbar, indem man das Fieberthermometer nicht mehr einsetze. Oder dieses: Eine Taschenlampe spende wenig Licht, werde deshalb aber nicht im Dunkeln ausgeknipst. Besonders weit in seinem Protest gegen Zimmermann ging das Ifo Institut. »Für eine Manipulation der Prognose zum Zweck der Beruhigung der Öffentlichkeit steht das Institut nicht zur Verfügung«, heißt es in einer Erklärung vom Dezember 2008. Überraschend ist diese Entrüstung der Prognostiker nicht – schließlich verdienen die Forscher Geld mit ihren Vorhersagen, die Bundesregierung bezahlt sie dafür. Und so einfach lässt sich kein Wissenschaftler die Sinnlosigkeit des eigenen Berufs vorwerfen. Das hatte wohl auch Zimmermann nicht erwartet.

Ganz allein mochte er seinen Prognosestopp dann jedoch auch nicht konsequent einhalten. Immerhin setzte er durch, dass sein Institut zunächst einmal keine Prognosen mehr veröffentlichte, die weiter als ein Jahr in die Zukunft gingen. Er erläuterte das in einem Interview mit der Online-Redaktion der Wochenzeitung *Die Zeit*:

> Warum sollten wir sagen, wir wissen etwas, wenn das nicht stimmt? Wohin das führt, haben wir in den letzten Monaten beobachten können. Seit Beginn der Finanzkrise waren alle langfristigen Prognosen falsch. Unsere, aber auch die der anderen. So verwirren wir das Volk – und laufen Gefahr, dass uns niemand mehr zuhört.

Zimmermann ist der lauteste Kritiker aus den Reihen der Prognostiker. Die von ihm losgetretene Debatte kann sich an eindeutigen Belegen orientieren: an den Fehlprognosen. Kein Ökonom kann diese Beweislast leugnen. Das allerdings hält die Uneinsichtigen nicht davon ab, weiterhin so zu tun, als sei es eine Zumutung, ihnen Versagen vorzuwerfen. Sie verfolgen zwei Rechtfertigungsstrategien. Die einen sind resigniert und behaupten, es sei nun einmal so, Zeitpunkt und Heftigkeit solcher Krisen seien nicht zu prognostizieren, ähnlich wie ein Erdbeben oder ein Tsunami. Die anderen argumentieren grundsätzlicher. Sie behaupten, sie selbst und die Ökonomen an sich seien nun wirklich nicht zuständig für Prognosen. Das sei ausschließlich Sache der Konjunkturforscher, die allerdings nur einen sehr kleinen Teil der Volkswirte ausmachten, der dazu noch in einem reichlich dubiosen Geschäft unterwegs sei.

Die Resignierten sind vorzugsweise unter den Prognostikern selbst anzutreffen, wissen sie doch am besten, wie fehlbar ihre Prophezeiungen sind. Sie haben es jahrelang erlebt, untersucht, sich geärgert – und versucht, nicht allzu viel darüber zu sprechen. Nun aber wundern sie sich, dass die Öffentlichkeit von ihnen Genauigkeit erwartet oder zumindest die richtige Tendenz der Prognose. Sie argumentieren, ihre Prophezeiungen seien *bedingte* Vorhersagen. Wenn sich die Bedingungen änderten, stimmten sie eben nicht mehr (und wer will bestreiten, dass sich in der Finanzkrise ein paar grundsätzliche Bedingungen geändert haben). Wenn man mit ihnen spricht, fragt man sich allerdings, wieso sie sich nicht gleich Zimmermanns Forderung anschließen, Prognosen ganz zu lassen – scheinen sie doch ohnehin kaum Hoffnung in die Aussagekraft ihrer Vorausschätzungen zu setzen. Doch das tun sie nicht, und lieber werfen sie der Öffentlichkeit vor, diese nehme die Punktprognosen einfach zu ernst und übersehe die Einschränkungen im Detail. Was solche extrem eingeschränkten Prognosen dann noch nützen, hinterfragen sie hingegen nicht, zumindest nicht öffentlich.

Ökonomen, die glauben, dass sie gar nicht für Prognosen zuständig seien, gibt es überall. Diese Meinung ist unter Volkswirten jedweder Couleur verbreitet – nur nicht unter Prognostikern, selbstverständlich. Sie fühlen sich nur für die Vergangenheit und die Interpretation derselben zuständig, höchstens noch für die Gegenwart, keinesfalls aber für die Zukunft. Doch stimmt das überhaupt? Machen gewöhnliche Wald-und-Wiesen-Ökonomen keine Vorhersagen? Betrachten wir sie einmal genauer.

Volkswirte sind eine ganz besondere Spezies. Sie haben es geschafft, sich in den vergangenen Jahrzehnten und weltweit gehörigen Einfluss auf die Politik zu sichern. Das ist vor allem dann beeindruckend, wenn man sie mit anderen Wissenschaftlern vergleicht. Politikwissenschaftler etwa, Physiker, Mediziner, Psychologen – keiner von ihnen wird ähnlich regelmäßig gebeten, Empfehlungen auszusprechen, wie die Politik verändert werden müsste (Achtung, auch hier geht es um die Zukunft!), oder tut es ähnlich oft und lautstark ungefragt von sich aus. Und das, obwohl in Deutschland sogar eine Physikerin Bundeskanzlerin ist. Der Sachverständigenrat für Umweltfragen der Bundesregierung ist öffentlich deutlich weniger präsent als der Sachverständigenrat zur Begutachtung der gesamtwirtschaftlichen Entwicklung. Selbst die mittlerweile äußerst einflussreichen Klimaforscher können mit den Ökonomen nicht Schritt halten, ja, ihnen wird sogar Konkurrenz gemacht. Denn die Volkswirte – kluge Marktwirtschaftler, wie sie es eben sind – haben längst entdeckt, dass es zum Thema Klimawandel eine große Nachfrage an Politikberatung gibt. Deshalb mischen sie mit.

Der große Einfluss der Ökonomen in der Politik resultiert aus ihrer Beschäftigung mit einem der wichtigsten Themen der Welt: Wohlstand und wie man ihn vermehrt oder zumindest aufrechterhält (merke, auch hier geht es wieder um die Zukunft!). Ihre wichtigste Antwort darauf, wie man Wohlstand vermehrt, lautet etwas vereinfacht: Wachstum – und infolgedessen Arbeitsplätze. Demnach gilt: Die Zukunft ist das Kerngeschäft der Volkswirtschaft. Aus ihr bezieht die Wissenschaft ihre Relevanz für das praktische Leben und ihre ungeheure Macht in der Politikberatung. Ob die Ökonomen das nun einsehen wollen oder nicht, sie sind beinahe alle zuständig für Prognosen im weiteren Sinne.

Wenn etwa ein Finanzwissenschaftler empfiehlt, eine »flat tax«, also einen einheitlichen Steuersatz für alle, einzuführen, dann tut er das in der Regel, weil seine Modelle vorhersagen, dass genau diese Maßnahme der Motivation der Arbeitskräfte und der Senkung der Arbeitslosigkeit zuträglich ist – und damit schlussendlich das zukünftige Wachstum der Wirtschaft ankurbelt. Wenn ein Volkswirt fordert, die EU-Agrarsubventionen abzuschaffen, dann tut er es in der Regel, weil er der festen Überzeugung ist, dass dann der Welthandel stärker wird, was dem Ausland und dem Inland zugute kommt – sodass die Weltwirtschaft insgesamt bald stärker wachsen kann. Wenn ein Geldtheoretiker angesichts flauer Konjunktur empfiehlt, dass die Notenbank die Zinsen senken soll, dann tut er das, weil die Banken dann billiger Geld bekommen, die wiederum billiger Kredite an die Unternehmen geben, welche in der Folge mehr investieren, was zu Wachstum führt. In Zukunft! Nicht selten hat der Volkswirt diesen Wachstumseffekt vorher ungefähr oder auch ziemlich genau berechnet, also eine bedingte Prognose aufgestellt. Ja, sogar ein Wirtschaftshistoriker, der ja wirklich nur für die Vergangenheit zuständig zu sein scheint, ist für die Zukunft sehr regelmäßig von Bedeutung. Erforscht er beispielsweise, welche Politik die Große Depression in den dreißiger Jahren verstärkt hat, dann ist er damit derzeit aktueller und gefragter denn je. Denn es geht ihm natürlich auch darum, zu verhindern, dass solche Fehler in Zukunft wiederholt werden.

Es ist also die selbst gesetzte Pflicht beinahe jedes Volkswirts, dass er Gefahren oder Fehlentwicklungen erkennt, benennt und Alternativen entwickelt. Es geht dabei natürlich nicht um haargenaue Prognosen im Sinne der Konjunkturforscher. Diese machen tatsächlich nur einen kleinen, äußerst fehleranfälligen Teil der Ökonomie aus. Es geht eher um die Vorhersage von Tendenzen, von Auswirkungen bestimmter Marktkonstellationen oder Politikeingriffe. Und auch um Warnungen, wie sie etwa die Klimaforscher in den vergangenen Jahren verstärkt aussprechen. Ein entsprechender Satz hätte lauten können: Wenn wir jetzt nicht die Banken deutlich stärker regulieren, droht uns bald eine große weltweite Finanzkrise. Oder: Wenn die amerikanische Hauspreisblase platzt, wird das auch Deutschland in die Rezession stürzen. Oder kurz vor dem Lehman-Crash: Wenn in dieser Vertrauenskrise auch nur eine einzige große Bank nicht gerettet wird, wird das ganze Finanzsystem ins Wanken geraten. Solche Sätze hat man aus dem Kreis der bekannten Ökonomen leider kaum oder gar nicht gehört.

Doch nach wie vor bestreiten das einige heftig. Sie werfen lieber der Öffentlichkeit und den Medien vor, unfähig zu sein, ihre exakten Vorhersagen der Krise wahrzunehmen oder unwillig zu sein, darüber zu berichten. So schreibt etwa Hans-Werner Sinn in einem Leserbrief an die *Frankfurter Allgemeine Sonntagszeitung*:

> Das Problem ist nicht, dass Ökonomen nicht gewarnt haben, sondern dass die Journalisten über ein selektives Gehör verfügen, das unterdrückt, was sie nicht für tagesaktuell halten.

Er liegt damit nicht falsch. Leider haben Journalisten tatsächlich ein selektives Gehör. Und leider hinken sie dem Geschehen auf den Märkten allzu häufig hinterher. Wenn ein Boulevard-Blatt über gute Geschäfte mit Aktien berichtet, dann sollte man dringend aussteigen, lautet eine alte Börsenhändlerweisheit. So war es immer, und das ist bedauerlich. Es ist sicherlich an der Zeit, dass auch einmal jemand das Versagen der Journalisten in dieser Krise aufarbeitet. Das jedoch ist nicht Thema dieses Buches und sei unbefangeneren Autoren überlassen. Fest steht: Journalisten sind keine Vollzeitökonomen. Wenn sie über die Konjunktur berichten, wenden sie sich an Fachleute; wenn sie über die Regulierung von Banken und Finanzmärkten berichten, ebenso. Und ganz im Ernst: Welcher Journalist hätte ein Interview nicht gedruckt, in dem ein berühmter Ökonom laut und vernehmlich vor einem Zusammenbruch des Finanzsystems warnt? Wer hätte sich diese Schlagzeile entgehen lassen? Am Ende ist es unter Ökonomen doch vermutlich genauso wie unter Journalisten: Man setzt Prioritäten für das, was man an die Öffentlichkeit bringen will. Und manchmal setzt man sie falsch, weil man bestimmte Entwicklungen falsch einschätzt.

Das ist vielen Forschern mittlerweile bewusst, und sie haben sich in eine grundsätzliche Debatte verstrickt. Sie diskutieren über das Versagen, den Sinn und die künftige Ausrichtung ihrer gesamten Wissenschaft. Sie fragen: Wer von uns hat besonders versagt? Welche andere Ausrichtung der Volkswirtschaft hätte das verhindern können? Wohin soll es mit der Ökonomie in Zukunft gehen? Da hat selbstverständlich jeder Professor eine andere Meinung.

## »Ihr seid schuld« – Ökonomen gegen Ökonomen

Im Frühjahr 2009 blasen 83 Professoren der Volkswirtschaft zum Angriff. Am 27. April veröffentlichen sie in der *Frankfurter Allgemeinen Zeitung* einen gemeinschaftlichen Aufruf. Darin fordern sie: »Rettet die Wirtschaftspolitik an den Universitäten!« Ein schon seit einigen Monaten schwelender Streit erreicht damit seinen vorläufigen Höhepunkt. Die Ökonomen schreiben:

> Mit Sorge verfolgen wir, 83 Professoren der Volkswirtschaftslehre, die zunehmenden Bestrebungen, die Lehre von der Wirtschaftspolitik an den Universitäten zurückzudrängen. Professuren für Wirtschaftspolitik sollen zweckentfremdet oder umgewidmet werden, und betriebswirtschaftliche Bachelor-Studiengänge sehen wirtschaftspolitische Lehrveranstaltungen nicht mehr vor.

Unterzeichnet ist der Aufruf vor allem von älteren und emeritierten Professoren. Unter ihnen finden sich so unterschiedliche Namen wie Rudolf Hickel, der auch einmal auf Attac-Veranstaltungen auftritt, Joachim Starbatty, der zu den konservativen Ordnungspolitikern zählt, und Bruno S. Frey, der vor allem mit seiner empirischen Glücksforschung bekannt wurde. Den 83, wie sie fortan genannt werden, geht es darum, die Trennung von Wirtschaftspolitik und -theorie qua Lehrstuhl aufrechtzuerhalten, so wie sie in Deutschland seit langem Tradition ist, im Ausland jedoch nicht. Der Aufruf schließt mit der Feststellung: »Professuren für Wirtschaftspolitik müssen daher unabdingbarer Bestandteil der wirtschaftswissenschaftlichen Forschung und Lehre bleiben.« Doch diese Trennung von Wirtschaftspolitik und -theorie wird mehr und mehr zurückgedrängt, da die deutschen Universitäten sich zunehmend an den Gepflogenheiten im Ausland orientieren. Ein Generationenwechsel ist im Gange, der den Älteren nicht behagt.

Auslöser der Debatte ist ein Streit darüber, wie sechs frei werdende Lehrstühle an der Universität zu Köln besetzt werden sollen. Die Universität plant, alte wirtschaftspolitische Lehrstühle umzuwidmen und mit einem Team von Makroökonomen zu besetzen. Damit will sie junge deutsche Forscher, die ins Ausland abgewandert sind, zurücklocken. Doch sie hat nicht damit gerechnet, dass sie damit andere Ökonomen – vor allem solche älteren Semesters – verärgern würde. Denn moderne Makroökonomen sind nicht überall beliebt. Sie sind eine Spezies der Ökonomen, die die ganze Volkswirtschaft (oder mehrere davon) betrachten und dazu bevorzugt komplexe mathematische Modelle nutzen. Es gibt einige Volkswirte, die diese Mathematisierung kritisieren. Sie befürchten, dass sie in Realitätsferne ausartet und die Relevanz der Wissenschaft für die Wirtschaftspolitik verloren geht. Stattdessen befürwortet ein Teil dieser Kritiker die – typisch deutsche – normative Politikberatung, die sich an bestimmten selbst definierten Werten orientiert. Genau für diese Art der Ökonomie stehen die alten Lehrstühle, die ersetzt werden sollen.

Es geht um Lehrstühle, Macht und Pfründe. Vor allem aber geht es darum, wie die Politik in Zukunft beraten wird: anhand von Leitlinien und Werten, die sich die Wissenschaft selbst gibt, oder durch möglichst objektive, wertfreie Forschung (von der einige behaupten, es gebe sie gar nicht). Letztendlich dreht sich der Streit um das Grundverständnis von der eigenen Wissenschaft. Die Unterzeichner sind der Meinung, die Wirtschaftspolitik brauche normative Grundlagen, also bestimmte Werte und Ziele, die die Wissenschaftler selbst definieren. Doch die 83 Professoren sehen, dass andere Vorstellungen immer wichtiger werden in der Wissenschaft. Sie klagen den Einfluss der Modelltheoretiker unter den Ökonomen an, die sie als abgehoben und realitätsfern beschreiben:

> In der volkswirtschaftlichen Theorie herrscht die Tendenz vor, aus jeweils gewählten Annahmen logische Schlussfolgerungen abzuleiten. Das jeweilige

> Ergebnis ist bereits vollständig in den Annahmen enthalten. Diese Methodik (...) ist aber für die Analyse realweltlicher Wirtschaftspolitik wenig geeignet.

Das Wort »Finanzkrise« fällt in dem Aufruf übrigens nicht einmal, doch er ist in seiner Deutlichkeit und in seinem öffentlichen Widerhall nur vor dem Hintergrund der Krise zu verstehen. Auf einmal sind viele mächtige Ökonomen orientierungslos. Sie müssen erkennen, dass ihre Zunft zwar den ganzen Tag zur Wirtschaft forscht, dabei aber wichtige Geschehnisse vernachlässigt hat. Für die 83 liegt der Grund dafür offenbar bei den anderen, bei denjenigen, die sie selbst in den Hintergrund gedrängt haben. Sie sind sicher, dass das Fach Volkswirtschaftslehre, so wie es jetzt ist, den Beitrag vernachlässigt, den es zur Lösung praktischer wirtschaftlicher Probleme leisten könnte. »Aber die Wissenschaft hat eine gesellschaftliche Verantwortung«, schreiben sie. »Sie ist gehalten, anwendbare Ergebnisse zu produzieren.«

Der Aufruf löst eine hitzige Debatte aus. Gerade die jüngeren Ökonomen fühlen sich angegriffen, und am 8. Juni 2009 erfolgt der öffentlichkeitswirksame Gegenschlag. Im *Handelsblatt* fordern 188 Wirtschaftswissenschaftler: »Baut die deutsche VWL nach internationalen Standards um!« Ihre Antwort ist in ganz ähnlichem Stil verfasst wie der Aufruf der 83. Sie schreiben:

> Mit Sorge verfolgen wir, 188 Professoren und Forscher der Volkswirtschaftslehre und Wirtschaftswissenschaften, die Bestrebungen einiger unserer Kollegen, für eine Zementierung international nicht wettbewerbsfähiger Strukturen an deutschen VWL-Fakultäten zu argumentieren und den Blick der Öffentlichkeit auf den nützlichen Beitrag unserer Wissenschaft für die Lösung der drängenden Probleme zu verstellen. Dazu wird ein Zerrbild moderner ökonomischer Forschung gezeichnet.

Die Ökonomenschar hat sich in aller Öffentlichkeit in zwei Gruppen gespalten: Die einen sind traditionsbewusst und wollen weiterhin die klassische Trennung von Wirtschaftspolitik und -theorie an deutschen Universitäten aufrechterhalten; die anderen sind fortschrittlich und halten diese Trennung für einen unfruchtbaren deutschen Sonderweg. Der Streit ist deshalb auch ein Generationenkonflikt (auch wenn so mancher Emeritus aufseiten der Jungen steht und umgekehrt), und er schwelt schon lange. Doch erst die Krise hat die Ökonomen dermaßen in ihrem Selbstverständnis erschüttert, dass der Konflikt ganz offen und zum Teil äußerst aggressiv zutage tritt. Vorreiter des Gegenaufrufs der 188 sind Harald Uhlig und Rüdiger Bachmann, beide Deutsche, die in Amerika lehren, der eine in Chicago, der andere an der Universität von Michigan in Ann Arbor. Sie führen den Methodenstreit auch im Internet weiter, Uhlig in seinem Blog, Bachmann auf seiner Universitäts-Homepage. Sie scheuen sich nicht, in ihrem Manifest deutlich Stellung gegen die 83 zu beziehen. Und sie scheuen auch nicht vor dem Wort »Finanzkrise« zurück:

> Die gegenwärtige Finanz- und Wirtschaftskrise wirft neue Herausforderungen auf. Aufbauend auf den führenden Einsichten der Wissenschaft sucht die gegenwärtige Forschung nach einem tieferen Verständnis des Zusammenspiels von Finanz-, Banken- und Realsektor (...) – auch um so die praktische Wirtschaftspolitik und die Öffentlichkeit auf wissenschaftlich solider Basis noch besser informieren und beraten zu können. Gute Theorie und gute Empirie werden hierbei eine wichtige Rolle spielen, alte Dogmen dagegen nicht.

Das ist ein Tiefschlag gegen den Aufruf der anderen, denen indirekt nachgesagt wird, Dogmen anzuhängen, die veraltet und deshalb irrelevant sind. Doch der Auszug zeigt auch, worum es den Kombattanten in erster Linie geht. Die Ökonomen fragen: Was ist die Zukunft der Volkswirtschaftslehre in Deutschland? Wie gelingt es ihr am besten, nicht nur in theoretischen Höhen zu schweben, sondern auch praktische Probleme zu lösen? Welche Methoden helfen dabei am besten: Mathematik oder Philosophie?

Das sind wichtige Fragen. Nur gibt es darauf viele Antworten, und aus ihnen resultiert auch viel Streit. Mittlerweile haben so viele Forscher zu den beiden Aufrufen Stellung genommen, dass es längst nicht mehr nur um die Besetzung von Lehrstühlen in Köln geht, sondern ums Grundsätzliche. Jeder trägt seine persönliche Meinung zur Auseinandersetzung bei, und jeder hat seine Lieblingsfeinde unter den Kollegen. Es kämpft rechts gegen links, jung gegen alt, Formelwelt gegen Philosophie, angelsächsische Tradition gegen deutsche. Ein Gutes hat die Debatte jetzt schon: Wissenschaftliche Lager, die sich bisher weder auf Veranstaltungen noch über ihre Publikationsorgane begegnet sind, sind ins Gespräch gekommen. Bewegung entsteht allerdings nur dort, wo die Forscher auch ihre eigenen Fehler einsehen und zu ihnen stehen – und nicht bloß auf die anderen schimpfen. Zum Glück gibt es von solchen selbstkritischen Forschern eine ganze Reihe.

## »Ich bin schuld« – Ökonomen gegen sich selbst

Es gibt einige Ökonomen, die ganz offen zugeben, dass sie selbst ebenfalls danebengelegen haben. Darunter finden sich einige prominente Namen. »Ich habe versagt, weil ich die Tiefe des Abschwungs so nicht erwartet hätte«, sagt etwa Peter Bofinger, Mitglied des Sachverständigenrats. Auch räumt er ein, mit seinem einstigen Lob des amerikanischen Notenbankers Alan Greenspan übertrieben zu haben. Der Finanzwissenschaftler Clemens Fuest von der Universität Oxford erinnert sich an ein Gespräch, das er vor einigen Jahren mit einem hochrangigen Bankenregulierer führte. »Er sagte mir, er habe ein sehr schlechtes Gefühl, weil die Rating-Agenturen so stark mit den Firmen verbandelt sind, die sie eigentlich kontrollieren sollen«, erzählt Fuest. Diese Verbandelung war ein wichtiger Grund dafür, dass die Banken überhaupt solche Mengen an den heute giftig genannten Wertpapieren anhäufen konnten und auch noch der Illusion unterlagen, gute Risiken im Portolio zu haben. »Ich habe das nicht ernst genug genommen«, bekennt Fuest. Dennis Snower, Präsident des Kieler Instituts für Weltwirtschaft, wird besonders deutlich. »Es ist eine Katastrophe«, sagt er. »Was wir in den letzten zehn bis fünfzehn Jahren in der Makroökonomie gemacht haben, ist durch die Krise komplett über den Haufen geworfen worden.«

Die selbstkritischen Ökonomen suchen heute schon intensiv nach Erklärungen dafür, wieso ihre Wissenschaft dermaßen blind für den Crash war. Sie haben ihre eigene Forschung dabei ebenso im Blick wie die der anderen. Sie fragen: Ist die Ökonomie, wie wir sie zurzeit praktizieren, zu dogmatisch, zu mathematisch, zu weltfremd? Sind die Ökonomen falschen Theorien nachgelaufen, oder haben sie sich nicht genug mit der Wirklichkeit befasst? Haben sie die Krise nicht verstanden, oder haben sie bloß ihre Dramatik nicht begriffen? Die Antworten, die Volkswirte auf diese Fragen geben, führen zu Ideen, wie man die Wissenschaft verändern könnte, damit solch ein Versagen nicht noch einmal vorkommt. Davon wird später noch die Rede sein. Doch bevor wir in die Diskussion einsteigen, wohin die Wissenschaft sich entwickeln sollte, wollen wir die

Menschen, um die es hier gehen soll, genau kennenlernen. Wieso wurden Ökonomen eigentlich so mächtig? Wer bezahlt sie? Und was erwarten wir von ihnen?

Kapitel 2

# Das Zeitalter der Ökonomie

Im Mai 2009 trifft sich eine Reihe von Nobelpreisträgern im Saint James Palace in London. Eigentlich wollen sie über Klimafragen diskutieren – und das tun sie später auch. Doch die vier Ökonomen unter ihnen müssen zunächst einmal ganz andere Fragen beantworten. »Es gab hitzige Debatten«, erzählt der Potsdamer Klimaforscher Hans Joachim Schellnhuber, der das Treffen initiiert hat. Die Physiker fragten die Ökonomen: Wer von euch hat die Anzeichen der Krise klar benannt? Warum hat der Mainstream sie nicht vorhergesagt? Es wurde anstrengend für die sonst so sachlichen und an größten Respekt gewöhnten Wissenschaftler. Doch Schellnhuber findet das nicht respektlos, sondern hervorragend. »Es ist gut, dass man mal so heftig aufeinandergeprallt ist«, sagt er.

Er ist nicht der Einzige, der so denkt. Deutsche Naturwissenschaftler sind auf einmal viel offener geworden in der Kritik an ihren Kollegen aus der Ökonomie. So auch der Physiker und Biologe Ernst Ulrich von Weizsäcker, Bruder des bekannten deutschen Ökonomen Carl Christian von Weizsäcker. Er sagt: »Man kann nicht übersehen, dass die Ökonomen in den vergangenen Jahren einer gewissen Besoffenheit anheimgefallen waren.« Es liegt offenbar für manche Forscher ein wenig Befriedigung darin, dass die mächtigen, streitbaren und selbstbewussten Ökonomen nun erkennen müssen, dass ihre Wissenschaft die Welt nicht so vollständig erklären und vorhersehen kann wie einst gedacht.

Für die Ökonomie selbst, die sich so gerne als Königin der Sozialwissenschaften sieht, ist das ein herber Rückschlag. Sie wird kritisiert, und das nicht gerade behutsam. Dabei gehörte sie bislang auf jeden Fall zu den anerkannten, wenn auch nicht zu den uralten Wissenschaften.

## Der Aufstieg der Ökonomen

Lange Zeit war die Ökonomie eher ein Teilgebiet der Philosophie. Eine eigenständige Wissenschaft wurde sie erst im 18. Jahrhundert, nicht zuletzt durch Adam Smiths Klassiker der Volkswirtschaftslehre *Der Wohlstand der Nationen*. Ihre heutige Form entwickelte die Ökonomie in den vergangenen siebzig Jahren. Die Weltwirtschaftskrise der dreißiger Jahre und die darauffolgenden ökonomischen Richtungskämpfe markierten eine Zäsur in der Wissenschaft. Die beiden großen Denker John Maynard Keynes auf der einen Seite und Friedrich August von Hayek auf der anderen Seite entwickelten ihre einflussreichen Vorstellungen und nahmen in ihren intellektuellen Kämpfen den Grundkonflikt der Wissenschaft in den folgenden Jahrzehnten vorweg.

In eben jenen siebzig Jahren ist die Volkswirtschaftslehre nicht nur umfangreich, kompliziert und ziemlich mathematisch geworden; sie hat vor allem an Macht gewonnen. In fast allen Ländern der Welt agieren heute Volkswirte als einflussreiche Berater. Eine erste Hochkonjunktur erlebte die ökonomische Beratung während der Weltwirtschaftskrise der dreißiger Jahre. Auch in Aufbauzeiten, etwa direkt nach dem Zweiten Weltkrieg, waren Volkswirte einflussreich, ebenso in den achtziger Jahren, als sie eine theoretische Wende vollzogen, die auch in der Politik ankam. Flaue Zeiten für die Wissenschaftler hingegen brachen meist dann an, wenn die Wirtschaft relativ problemlos lief oder wenn sich ökonomischer Rat als falsch oder wertlos entpuppte (auch das kam vor). Doch insgesamt kann man sagen, dass die Ökonomie in Deutschland nach dem Ende des Zweiten Weltkriegs so stark an politischer Bedeutung gewonnen hat wie kaum eine andere Wissenschaft. Ihr Rat ist gefragt, und es gibt diverse staatlich finanzierte Gremien, in denen er bereitwillig angeboten wird. Ökonomen haben Zugang zu höchsten Regierungskreisen, werden dort angehört und ernst genommen.

Davon können viele andere Wissenschaftler nur träumen. Höchstens Juristen wird in Deutschland noch ein ähnlicher Einfluss auf die Regierung und die Gesetzgebung nachgesagt. Ihnen jedoch fehlt die Außenwirkung der Star-Ökonomen, die gerne schlagzeilenträchtige Belehrungen erteilen, vor Fehlentwicklungen warnen, mit Nachdruck Fehler der Regierung anprangern – und deshalb leicht Zugang zu den Medien haben. Während die Juristen sich eher um die komplizierten Details kümmern und im Hinterzimmer beraten, sehen sich die Volkswirte als zuständig für das große Ganze und nehmen deshalb die Rolle der obersten öffentlichen Politikkritiker ein. Gleichzeitig sind sie zum modernen Orakel mutiert. »Science is prediction«, Wissenschaft ist Vorhersage, war einmal das Motto der angesehenen amerikanischen *Econometrics Society*. Heute sind die Volkswirte mit solchen Ansprüchen zwar etwas vorsichtiger geworden. Doch sie versuchen weiterhin, in die Zukunft zu blicken, werden dafür gut entlohnt und mit viel Aufmerksamkeit bedacht.

Das ist aber nicht alles. Es war der große Ökonom der Weltwirtschaftskrise, John Maynard Keynes, der 1936 schrieb: »Die Gedanken von Ökonomen und Staatsphilosophen (...) sind mächtiger als allgemein angenommen wird. In der Tat wird die Welt von nicht viel anderem beherrscht.« Sein intellektueller Gegenspieler, der Nobelpreisträger und wichtige liberale Denker Friedrich August von Hayek, pflichtete Keynes bei – fügte jedoch an: »Ökonomen haben diesen großen Einfluss nur langfristig und nur indirekt«, und: »wenn ihre Ideen zu wirken beginnen, haben sie normalerweise ihre Form dermaßen geändert, dass ihre Väter sie kaum wiedererkennen«. Damit vertrat er eine Meinung, die in seiner Zunft oft geteilt wird. Sie lautet: Die konkreten Ratschläge von Ökonomen kommen vielleicht nicht unbedingt sofort in der Politik an, aber die ökonomischen Ideen sickern über die Jahre hinweg in die Gesellschaft ein und entfalten schließlich ihre Wirkung.

Dass Hayeks und Keynes' Ideen tatsächlich einen großen Einfluss auf die Politik hatten, wird niemand bestreiten. Doch obwohl es kaum einem anderen ökonomischen Denker gelungen ist, hinsichtlich seines politischen Einflusses an Keynes heranzureichen, konnten auch andere Ökonomen im 20. und im 21. Jahrhundert enormen Erfolg verbuchen. Die vergangenen hundert Jahre waren eine wissenschaftsverliebte Zeit, in der sich Minister und Kanzler immer wieder gerne auf Experten berufen haben – und die obersten Experten waren oft die Ökonomen.

Beliebt sind Ökonomen deshalb aber noch lange nicht. Sie werden in der Bevölkerung häufig als klug, aber auch als ein wenig kalt, manchmal sogar als aggressiv wahrgenommen. Andere Wissenschaftler charakterisieren sie oft als selbstbewusst bis egozentrisch. Der – selbst recht einflussreiche – Klimaforscher Hans Joachim Schellnhuber urteilt über die Wirtschaftswissenschaftler: »Sie sitzen selbstbewusst im Vorzimmer der Mächtigen und geben gute Ratschläge, wie die Regierung sich zu verhalten hat. Wir Physiker treten etwas schüchterner, vielleicht auch unbeholfener auf.«

## Der Ökonom als Politiker

Grundsätzlich ist der Volkswirt heute fast überall anzutreffen, wo wirtschaftspolitische Entscheidungen zu treffen sind. Der eine beteiligt sich direkt an der Politik, sitzt in Ministerien und Ausschüssen oder arbeitet in der Zentralbank. Der andere berät die Politik von außen: in diversen Gremien und Instituten rund um den politischen Apparat, die größtenteils vom Staat finanziert werden. Der dritte versucht, mittels privater Gelder die Wirtschaftspolitik zu beeinflussen, teils als Forscher in privatem Auftrag, teils als Lobbyist.

Der Typus des Ökonomen als Politiker übt den direktesten Einfluss auf die Politik aus, ist aber nur noch selten anzutreffen. Dabei war er eine Zeit lang durchaus stark vertreten, insbesondere in den ersten Jahrzehnten nach dem Zweiten Weltkrieg. Das bekannteste Beispiel ist Ludwig Erhard, der die ersten vierzehn Jahre der jungen Bundesrepublik Wirtschaftsminister war und dann Konrad Adenauer als Bundeskanzler nachfolgte. Er ist heute noch eine Ikone der angewandten Wirtschaftswissenschaft. Kaum eine Sonntagsrede aktueller Wirtschaftsminister kommt ohne Zitat von ihm aus. Doch auch wenn sie nicht so eifrig beschworen werden, gab es weitere Volkswirte unter den Ministern. Zum Beispiel Karl Schiller, Wirtschafts- und Finanzminister in den sechziger und siebziger Jahren. Unter ihm wie auch unter Erhard übten Wirtschaftswissenschaftler im Ministerium einen großen Einfluss aus, beispielsweise der Staatssekretär Alfred Müller-Armack unter Erhard und Wilhelm Hankel, unter Schiller Leiter der Abteilung Geld und Kredit. Ein paar Jahre später trat ein weiterer studierter Volkswirt das Amt des Bundeskanzlers an, nämlich Helmut Schmidt. Er hatte bei Karl Schiller studiert und seine Diplomarbeit über die Währungsreformen in Japan und Deutschland verfasst. Später kokettierte Schmidt allerdings gerne damit, in Schule und Universität nicht besonders viel gelernt zu haben.

Mit der Zeit ist die Zahl der Ökonomen unter den einflussreichen

Politikern in den Ministerien allerdings zurückgegangen. Auf der Arbeitsebene besteht der Einfluss der Volkswirte zwar nach wie vor. So ist der bekannteste Staatssekretär im Finanzministerium, Jörg Asmussen, Ökonom. Im Wirtschaftsministerium ist der Strippenzieher und Staatssekretär Walther Otremba ebenso Volkswirt wie seine Kollegen Jochen Homann und Bernd Pfaffenbach. Die Bundeskanzlerin hat Jens Weidmann an ihrer Seite, der die Abteilung Wirtschafts- und Finanzpolitik des Bundeskanzleramts leitet. Doch an der Spitze der Ministerien sieht es nicht gut aus für die Volkswirte. Unsere letzten vier Wirtschaftsminister waren zwei Juristen, ein Sprachwissenschaftler und ein Nicht-Studierter. Immerhin Finanzminister Peer Steinbrück ist Volkswirt, seine drei Vorgänger waren jedoch ein Physiker, ein Lehrer und ein Jurist.

Sehr stark vertreten sind die Ökonomen hingegen weiterhin in den Zentralbanken. Der jetzige Chef der Deutschen Bundesbank, Axel Weber, war Professor für Volkswirtschaftslehre an der Universität zu Köln. Die meisten seiner Vorgänger waren ebenfalls Ökonomen, viele von ihnen auch Professoren. Ebenso sieht es in der Europäischen Zentralbank aus, deren beide bisherige Präsidenten, Wim Duisenberg und Jean-Claude Trichet, Vollblut-Volkswirte waren. Diese Ökonomen-Dominanz setzt sich auf der Arbeitsebene fort. Im Stab der Zentralbanken sitzen vor allem Volkswirte, insbesondere auch in den großen Forschungsabteilungen, die EZB und Bundesbank unterhalten.

Im Bundestag hingegen geben Lehrer und Juristen den Ton an. Während in der Legislaturperiode 2005 bis 2009 die Juristen mit sage und schreibe 143 Vertretern fast ein Viertel der Abgeordneten stellten, waren nur 26 der 614 Mitglieder Diplom-Volkswirte und lediglich 9 Diplom-Ökonomen. Zusammen stellten sie zwar immerhin rund 6 Prozent aller Abgeordneten – somit eine der stärksten Gruppen –, doch sind sie im Verhältnis zur Bedeutung ihres Themas eher schlecht vertreten.

Der Befund ist eindeutig: Der Volkswirt als Geldpolitiker ist weiterhin gefragt und stark vertreten. Die Politik der Notenbanken wird von ihm höchstpersönlich gesteuert. In der restlichen deutschen Politik hat er jedoch an direktem Einfluss verloren. Offenbar streben nur noch wenige ausgebildete Volkswirte persönlich in die Parlamente und Parteien und machen bestenfalls als hohe Beamte in den Ministerien von sich reden. Eventuell wird sich das in den Jahren der Wirtschaftskrise ändern, doch bislang gilt: Ökonomischer Rat wird in der praktischen Politik in zunehmendem Maß von außen erteilt. Weil der Ökonom als Politiker auf dem Rückzug ist, wird er als externer Berater immer wichtiger.

## Der Ökonom als Politikberater

Der Ökonom als Politikberater ist in der Regel Professor für Volkswirtschaftslehre, arbeitet also hauptamtlich an der Universität. Ab und an lässt er sich aber dazu verleiten oder dafür bezahlen, der Politik Ratschläge zu erteilen, ihre Entscheidungen auf ökonomischen Sinn hin zu untersuchen oder für sie in die wirtschaftliche Zukunft zu blicken – auf wissenschaftlicher Basis, versteht sich. Besonders viel Prestige genießt er, wenn er es in den Rat der Wirtschaftsweisen schafft oder eines der großen volkswirtschaftlichen Forschungsinstitute leitet. Der größte Teil der Volkswirte, die die Politik beraten, wird vom Steuerzahler finanziert, über die Stelle an der Universität, an einem Forschungsinstitut oder im Sachverständigenrat. Das hat einen gewissen Witz: Die führenden Ökonomen, die so gern die Stimme erheben für die Kräfte des freien Marktes und des Wettbewerbs, gerade diese Politikberater sind nahezu allesamt Staatsangestellte.

Das liegt auch daran, dass diverse Staatsmänner (und Staatsfrauen) entsprechende Gremien geschaffen haben. In den Vereinigten Staaten etwa wurde der ökonomische Rat für das Weiße Haus direkt nach dem Zweiten Weltkrieg institutionalisiert: Seit 1946 hat dort jeder Präsident sein eigenes *Council of Economic Advisers*, einen Stab von Ökonomen, der ihn in Wirtschaftsfragen berät. Präsident Barack Obama verfügt mittlerweile sogar noch über zwei weitere Wirtschaftsgremien: das *National Economic Council*, einst von Bill Clinton gegründet und vor allem dazu dienend, die Wirtschaftspolitik der Regierung zu koordinieren, und das von Obama neu geschaffene *Economic Recovery Advisory Board*, dessen Mitglieder helfen sollen, die Wirtschaft schnellstmöglich aus der Krise zu bringen. Unter Obamas Ökonomen finden sich einige der renommiertesten Volkswirte der Welt: Larry Summers, Christina Romer, Paul Volcker.

Deutschland hat etwas länger gebraucht, um seinen Volkswirten ein ähnlich angesehenes Forum zu verschaffen. Zwar bildeten Ökonomen schon direkt nach dem Zweiten Weltkrieg das erste wissenschaftliche

Beratungsgremium der Politik, den *Wissenschaftlichen Beirat bei der Verwaltung für die Wirtschaft des Vereinigten Wirtschaftsgebiets,* und waren somit Trendsetter. Auch gab es schon in den fünfziger Jahren mehrere Forschungsinstitute sowie seit 1957 die Bundesbank, die regelmäßig zu Wirtschaftsthemen berichteten. Doch es dauerte bis 1963, bis das hierzulande bekannteste Gremium gegründet wurde: der *Sachverständigenrat zur Begutachtung der gesamtwirtschaftlichen Entwicklung*, später *Rat der Wirtschaftsweisen* genannt. Seine Aufgabe: zu verfolgen, wie die Wirtschaft sich entwickelt, und zu prognostizieren, wie es weitergeht; er soll außerdem die Politik beraten und Fehlentwicklungen aufzeigen. Der Rat besteht seither immer aus fünf anerkannten Experten für Wirtschaftsfragen, meist Volkswirtschafts-Professoren, die jeweils für fünf Jahre von der Regierung berufen werden. Sie erstellen jährlich im November ein Gutachten, das sehr viele eng bedruckte Seiten und die komplette Wirtschafts-, Finanz-, Arbeitsmarkt- und Sozialpolitik umfasst. Dazu haben sie einen kleinen wissenschaftlichen Stab von derzeit neun Ökonomen an ihrer Seite.

Der Vater des Sachverständigenrats, Ludwig Erhard, erhoffte sich von der Gründung weniger, dass die fünf Professoren ihn selbst gut berieten. Vielmehr sah er die Wirtschaftsweisen als ein Gremium, das – mit einer Stimme – die Öffentlichkeit informieren und ihr gegenüber die wirtschaftliche Lage sachlich und unabhängig von Einzelinteressen darlegen sollte. Er wünschte sich eine Versachlichung der Debatte über die Wirtschaft und über die Verteilung des neuen Wohlstands. Dahinter steckte natürlich auch noch eine andere Idee: Wirtschaftspolitische Entscheidungen sind oft schwer zu vermitteln und heiß umkämpft, denn es geht fast immer um die Verteilung von viel Geld, um Gerechtigkeit und Arbeitsplätze. Erhard glaubte offenbar, dass solche Entscheidungen leichter durchsetzbar sein würden, wenn die Politik auf den Ratschlag unabhängiger Experten verweisen konnte. Natürlich bestand die Sorge, dass das Gremium – unabhängig, wie es sein sollte – sich gegen seine Finanziers, also gegen die Regierung, wenden könnte. Man ahnte, dass solch staatlich finanzierte Politikkritik zwar nützlich, aber auch ziemlich lästig werden könnte. Von ein paar Professoren wollte man sich keinesfalls öffentlich gängeln lassen. Deshalb fügte der Gesetzgeber folgenden Satz ins Gesetz zur Gründung des Sachverständigenrats ein:

> Der Sachverständigenrat soll Fehlentwicklungen und Möglichkeiten zu deren Vermeidung oder deren Beseitigung aufzeigen, jedoch keine Empfehlungen für bestimmte wirtschafts- und sozialpolitische Maßnahmen aussprechen.

Diese äußerst schwammige Mahnung zur Zurückhaltung hat nicht viel geholfen. In den kommenden Jahrzehnten nutzten die fünf Wirtschaftsweisen die ihnen verliehene Position für klare Meinungsäußerungen zur aktuellen Politik. Zunächst erteilten sie Ratschläge, wie die Konjunktur am besten per Finanz- und Geldpolitik zu steuern sei; alles erschien ihnen staatlich planbar. Mitte der siebziger Jahre änderten sie ihre Richtung. Denn auf einmal war die Wirtschaft mit Konjunkturpaketen und viel billigem Geld nicht mehr in Schwung zu bringen, sondern dümpelte vor sich hin, während gleichzeitig die Preise stiegen. In der Folge erkannten die Wirtschaftsweisen, dass die Konjunktur nicht immer steuerbar ist, und vollzogen einen Schwenk im Denken hin zu dem, was man heute angebotsorientierte Wirtschaftspolitik nennt. Sie forderten nun eher den Staatsrückzug aus der Wirtschaft, sprachen sich gegen Konjunkturpakete und für flexible Arbeitsmärkte und einen ausgeglichenen Staatshaushalt aus und wollten Subventionen abschaffen. Mit anderen Worten: Sie änderten gründlich ihre Meinung. Es dauerte zwar ein wenig, aber schließlich haben sie sich mit vielen dieser Ideen als äußerst einflussreich erwiesen. Insbesondere in den achtziger Jahren haben die Regierenden viel von diesem Denken übernommen.

In den vergangenen Jahren konnten die Wirtschaftsweisen insbesondere mit ihren »Zwanzig Punkten für Wachstum und Beschäftigung« aus dem Jahresgutachten 2002 Einfluss nehmen. Der damalige Kanzler Gerhard Schröder richtete seine späteren Arbeitsmarktreformen im Kern nach diesen Empfehlungen. Als Schröder im Jahr 2003 auf dem Fest anlässlich des vierzigjährigen Bestehens des Sachverständigenrats eine Ansprache vor den versammelten Professoren hielt, betonte er deshalb auch: »Wir sind uns mit dem Sachverständigenrat darüber im Klaren, dass die grundlegenden Wahrheiten der Wirtschaftswissenschaft eben nicht ignoriert werden können.«

Für die Ökonomen selbst hat sich der Posten als Wirtschaftsweiser als Karrierebeschleuniger erwiesen. Sobald die Volkswirte auf Vorschlag der Regierung ins Gremium berufen werden, sind sie gefragte Gesprächspartner. Sie äußern sich zu allen Aspekten des wirtschaftlichen Lebens, treten in (fast) allen Medien auf und sind nicht selten über kurz oder lang zumindest halbwegs prominent. Der ehemalige Vorsitzende des Sachverständigenrats Bert Rürup hat es sogar geschafft, sich selbst mit dem Thema Rente zu einer dermaßen bekannten Marke zu machen, dass er vor kurzem auf einen anderen – sicherlich lukrativeren – Posten wechseln konnte: Er ist jetzt Chef-Ökonom des Finanzdienstleisters AWD, der unter anderem auch Rentenversicherungen anbietet und den Namensgeber der Rürup-Rente als Werbefigur nutzt.

Natürlich hat Rürup als Wirtschaftsweiser seine Expertise auch nicht kostenlos zur Verfügung gestellt. Der Sachverständigenrat wird aus Steuergeldern bezahlt – und der Staat zeigt sich hier nicht gerade kleinlich. Das Bundesinnenministerium, in dessen Verantwortung das Gremium fällt, hat für den Sachverständigenrat 2008 mehr als zwei Millionen Euro ausgegeben. Das ist zwar deutlich weniger, als ein großes Forschungsinstitut pro Jahr kostet, jedoch ist weder der wissenschaftliche Stab des Gremiums besonders groß, noch arbeiten die fünf Professoren hauptamtlich als Wirtschaftsweise; sie beziehen Einkünfte von der Universität oder aus sonstigen Tätigkeiten. So gesehen ist das Gremium dann doch wieder nicht billig. Die Professoren selbst sind dabei übrigens nicht der teuerste Posten und erhalten für ihren Expertenrat keine Reichtümer, aber immerhin jeweils 31 000 Euro im Jahr, der Vorsitzende 35 000 Euro.

Angesichts der Kosten darf gefragt werden, ob der Rat die Aufgaben, die man ihm übertragen hat, angemessen erfüllt. Dabei muss man feststellen, dass er zwar sehr einflussreich ist und bedeutende Änderungen in der Wirtschaftspolitik mit angestoßen hat. Jedoch ist eine seiner ursprünglichen Hauptaufgaben in den vergangenen Jahren beinahe in Vergessenheit geraten: die Krisendiagnose. Im Gesetz findet sich dazu folgender Satz:

> Insbesondere soll der Sachverständigenrat die Ursachen von aktuellen und möglichen Spannungen zwischen der gesamtwirtschaftlichen Nachfrage und dem gesamtwirtschaftlichen Angebot aufzeigen.

Das bedeutet für Nicht-Ökonomen: Die Weisen sind vorrangig dafür zuständig, Krisen zu erkennen und zu analysieren. Letzteres haben sie auch stets gemacht. Beim Erkennen akuter Krisen aber haben sie sich zuletzt nicht gerade hervorgetan: Weder die Krise am Neuen Markt noch die große Wirtschaftskrise, die unser Land zurzeit bewegt, haben sie vorhergesehen. Dass die Wirtschaftsweisen in diesem Punkt dann doch nicht weiser sind als andere Ökonomen, ist bedauerlich, denn wenige andere Volkswirte verfügen über ähnliche Möglichkeiten, laut und deutlich vor Fehlentwicklungen zu warnen. Wenige andere Volkswirte haben einen solch uneingeschränkten Zugang zum politischen Personal. Der Sachverständigenrat kann etwa auf Verlangen jeglichen Bundesminister und auch den Präsidenten der Bundesbank anhören. Der einfache Professor kann das nicht. Doch schauen wir uns einmal an, wer sonst noch hätte warnen können.

Neben den Wirtschaftsweisen sind die Chefs der großen Forschungsinstitute die einflussreichsten Politikberater und -kritiker. Der Bekannteste unter ihnen dürfte zurzeit Hans-Werner Sinn sein, Leiter des Ifo Instituts für Wirtschaftsforschung in München. Er ist vor allem mit seinen Thesen zum Standort Deutschland prominent geworden. Da er vor klaren Worten nicht zurückschreckt und gerne öffentlich einschneidende Reformen fordert, ist er für viele Menschen das Sinnbild des liberalen, staatsskeptischen Ökonomen. Häufig in den Medien präsent sind außerdem Dennis Snower, Präsident des Kieler Instituts für Weltwirtschaft, und Klaus Zimmermann, der das Deutsche Institut für Wirtschaftsforschung leitet. All diese Institute sind in der Leibniz-Gemeinschaft organisiert, welche die Gelder von Bund und Ländern verteilt. Insgesamt sind dort sechs große Wirtschaftsforschungsinstitute Mitglied: das Deutsche Institut für Wirtschaftsforschung in Berlin, das größte seiner Art, das schon 1925 zum Zweck der Konjunkturforschung gegründet wurde; das Institut für Weltwirtschaft in Kiel, das älteste seiner Art, das 1914 als *Königliches Institut für Seeverkehr und Weltwirtschaft* eröffnet wurde; das Ifo Institut für Wirtschaftsforschung in München, das unter Hans-Werner Sinn stark an Einfluss gewonnen hat; das Institut für Wirtschaftsforschung Halle, das seit der Wiedervereinigung die ostdeutsche ökonomische Kompetenz demonstriert; das Rheinisch-Westfälische Institut für Wirtschaftsforschung in Essen, ebenfalls mit langer Tradition und mit einem Chef, Christoph Schmidt, der seit kurzem zusätzlich Wirtschaftsweiser ist; und das Zentrum für Europäische Wirtschaftsforschung in Mannheim, das erst seit 1990 besteht und dessen Präsident Wolfgang Franz ebenfalls dem Sachverständigenrat angehört.

Man muss sich nicht die Namen all dieser Institute merken. Allerdings sollte man behalten, dass sie – jedes für sich genommen – keinesfalls klein sind. So beschäftigte allein das Ifo Institut im Jahr 2008 rund 170 Menschen, davon mehr als 100 Wissenschaftler. Das ist nicht billig und wird zum Großteil vom Staat finanziert. Aus dem Bundeshaushalt gab es für alle Wirtschaftsforschungsinstitute sowie die Deutsche Zentralbibliothek für Wirtschaftswissenschaften zusammen im Jahr 2008 rund 30 Millionen Euro Förderung. Das teuerste Institut war dabei das Deutsche Institut für Wirtschaftsforschung, das allein aus dem Bundeshaushalt 4,6 Millionen Euro fürs laufende Geschäft erhielt, gefolgt vom Zentrum für Europäische Wirtschaftsforschung, dem Ifo Institut und dem Institut für Weltwirtschaft, die je rund vier Millionen Euro bekamen. Das RWI in Essen und das IWH in Halle erhielten weniger (2,6 Millionen beziehungsweise 1,9 Millionen Euro). Die ebenfalls in der Leibniz-Gemeinschaft organisierte Deutsche Zentralbibliothek für Wirtschaftswissenschaften wurde vom Bund mit 8,4 Millionen Euro unterstützt. Aus den Haushalten der Bundesländer kommt für die Institute in der Regel der gleiche Betrag noch einmal hinzu.

Natürlich gelingt es den Forschern neben dieser Grundförderung auch noch, EU-Mittel und Geld von Unternehmen oder Stiftungen einzuwerben – sonst könnten sie ihren Mitarbeiterstab gar nicht finanzieren. Trotzdem sind sie von der Förderung abhängig, die sie über die Leibniz-Gemeinschaft erhalten, welche regelmäßig untersucht, wie gut sie die Mittel einsetzen. Sind ihre Forschungsergebnisse schlecht oder geht ihre Entwicklung in eine – aus Sicht der Leibniz-Gemeinschaft – falsche Richtung, können sie die Förderung verlieren. So geschah es Ende 2006 dem Hamburgischen Weltwirtschaftsarchiv, das seitdem als privates Institut unter dem Namen Hamburgisches Weltwirtschaftsinstitut weitergeführt wird. Sein Leiter, Thomas Straubhaar, ist trotzdem weiterhin öffentlich sehr präsent.

Was machen die Institute nun mit dem Geld der Steuerzahler? Sie erfüllen im Prinzip jedes für sich drei Aufgaben: Sie forschen, sie beraten die Politik und sie bieten Service für die Öffentlichkeit. In der Forschung kann es um so unterschiedliche Fragen gehen wie: Wieso hat der ostdeutsche Arbeitsmarkt nicht funktioniert? Wie kann man Armut in der Dritten Welt mindern? Welche wirtschaftlichen Folgen haben Bahnstreiks? Mit Service sind meist Prognosen gemeint oder Konjunkturbarometer – jedes Institut erstellt mindestens eines von beiden. Service kann aber auch bedeuten, dass regelmäßige Umfragen unter Unternehmen oder Privathaushalten zu ihrer wirtschaftlichen Situation der Öffentlichkeit zur Verfügung gestellt werden oder dass ein gutes Archiv unterhalten wird.

Ab und zu lösen die Institute mit ihrer Forschung eine politische Debatte aus. Das ist etwa dem Deutschen Institut für Wirtschaftsforschung gelungen, als es Anfang 2008 entdeckte, dass in Deutschland die Mittelschicht schrumpft. Alle Medien, sogar das Fernsehen, berichteten mit zahlreichen Beispielen abgestiegener Mittelschichtler über diese Entwicklung – und verwendeten dabei stets die Zahlen des DIW. Auch die Politik regte sich. In den Parteien diskutiert man, wie das Steuersystem gerechter gestaltet werden könnte und ob Alleinerziehende, die größte Risikogruppe für den Abstieg, mehr Unterstützung brauchten. Und das Ifo Institut schaffte es beispielsweise, mit einer Studie über Lehrer Aufmerksamkeit zu erregen: Einer ihrer Verfasser hatte festgestellt, dass Lehramtstudenten besonders schlechte Abiturnoten haben im Vergleich zu Studenten anderer Fächer (was natürlich volkswirtschaftlich bedeutende Auswirkungen für die Zukunft haben könnte). Darauf reagierte sogar die Bildungsministerin und forderte, Top-Mitarbeiter aus Unternehmen könnten zeitweise als Hilfslehrer einspringen.

Das sind Einzelfälle. Ein großer Teil der Institutsarbeit besteht jedoch aus Forschung mit wenige öffentlicher Wirkung, darunter auch Arbeiten zu Finanzkrisen, Banken und zum Verhalten an Finanzmärkten. So besitzt beispielsweise das Institut für Weltwirtschaft eine eigene Abteilung Finanzmärkte und makroökonomische Aktivität. Anderen Instituten fehlt solch eine eigene Abteilung für die Finanzmärkte, es existieren aber durchaus (einige wenige) Forschungsarbeiten zu diesem Bereich. Trotzdem: Finanzmärkte und Forschung zu Banken gehörten nie zu den ganz großen Themen, die offensiv an die Öffentlichkeit getragen wurden. Offensichtlich erschienen diese Themen nicht attraktiv genug, um sie in der Öffentlichkeit konsequent zu besetzen. Vielleicht glaubten die Institutschefs, es gebe keinen Bedarf dafür oder wenig Interesse daran. Letzteres mag sogar stimmen, jedoch müssen sich die Ökonomen dann zumindest eingestehen, dass sie sich auch nicht gerade bemüht haben, das Interesse für Finanzmarktthemen in der Öffentlichkeit zu wecken.

Anhaltend große Aufmerksamkeit hingegen erfahren die Institute für ihre Prognosen und Zukunftsindikatoren. Und das, obwohl sie schon häufig danebengelegen haben. Das Orakel der Wirtschaftswissenschaften ist ein Erfolgsprodukt. Zwar hat jedes Institut seine eigene Art, die Zukunft der Wirtschaft vorherzusehen, und deshalb kommt es zu durchaus unterschiedlichen und daher bisweilen Verwirrung hervorrufenden Ergebnissen. Doch die Berichterstattung ist allen gewiss. Gerade in Zeiten der Katastrophenprognosen sind die Vorhersagen der Wirtschaftswissenschaftler allüberall präsent.

Diese Prognoseflut hat die deutschen Politiker schon früh gestört. Um etwas Ordnung hineinzubringen, gibt es seit 1950 die sogenannte Gemeinschaftsdiagnose. Darin legen die führenden Forschungsinstitute im Auftrag der Bundesregierung zweimal im Jahr gemeinsam ihre Auffassung zur Frage dar, wie es mit der Wirtschaft weitergeht. Es ist ein sehr umfangreiches Gutachten, das der Regierung und der Öffentlichkeit zur Verfügung gestellt wird. Die Konjunkturforscher sagen darin nicht nur das erwartete Wachstum für die nächsten ein bis zwei Jahre in Deutschland vorher, sondern äußern sich auch zu Europa, Amerika, Asien und der Welt. Sie prognostizieren außerdem, wie die Arbeitslosigkeit sich entwickelt, wie die Löhne reagieren, ob die Preise steigen, wie stark sich der deutsche Staat verschuldet, was mit dem Export passiert, wie viel die Menschen einkaufen werden. Seit Neuestem sollen sie auch versuchen, etwas weiter in die Zukunft zu schauen, und eine Mittelfristprognose abgeben. Darüber hinaus enthalten die Gemeinschaftsdiagnosen Empfehlungen an die Politik, die jedoch – anders als im Sachverständigenrat – meist recht vorsichtig formuliert sind. Zudem beziehen sie sich in der Regel nur auf solche Politik, die direkt die Konjunktur beeinflusst, also vor allem auf die Zentralbank und auf die Staatsausgaben.

Die Konjunkturberichte der Forschungsinstitute können rund hundert Seiten umfassen, doch in der Öffentlichkeit wird vor allem eine Zahl wahrgenommen: die Prognose des Wachstums für Deutschland. Manchmal wird noch die künftige Arbeitslosenquote berichtet, mehr nur ganz selten. Die Bundesregierung nutzt die Gemeinschaftsdiagnose dafür, ihre eigenen Vorausschätzungen daran zu messen und gegebenenfalls danach zu richten. So braucht sie eine sehr genaue Vorstellung von der wirtschaftlichen Zukunft, um den Bundeshaushalt für das kommende Jahr zu planen, denn Steuereinnahmen, Sozialausgaben und auch möglicherweise notwendige Rettungspakete für Banken und Unternehmen sind davon abhängig.

Zufrieden ist die Regierung mit den Prognosen der Institute schon seit längerer Zeit nicht mehr. So hat Bundeskanzlerin Angela Merkel den Instituten schon im Jahr 2006 geraten, »ein bisschen mehr Vorsicht« an den Tag zu legen und »ab und zu eine Fehlerangabe, um wie viel die jeweilige Wachstumsrate schwanken kann« zu machen. Damals hatten die Institute sich nämlich in die andere Richtung vertan und den Aufschwung unterschätzt. Merkel mahnte: »Es kommt inzwischen durch die vielen Indizes, die durch die Welt geistern, auch manchmal ein Stück Unsicherheit in die ganze Debatte.«

Vielleicht war auch das der Grund dafür, dass die Regierung die Gemeinschaftsdiagnose, die jahrzehntelang von den gleichen Instituten erstellt wurde, von 2007 an für drei Jahre europaweit ausschrieb und die Vorgabe änderte: Nur noch vier Institute oder Konsortien sollten den Zuschlag erhalten. So sind zwei der Leibniz-Institute, obgleich sie sich beworben hatten, jetzt nicht mehr dabei: das große DIW und das junge ZEW. DIW-Chef Klaus Zimmermann reagierte auf den Ausschluss entsetzt, betreibt sein Institut doch schon seit 1925 Konjunkturforschung. Es ist in der Folge wenig überraschend, dass gerade er – von der wichtigsten Prognose ausgeschlossen – in der Krise einen Prognosestopp gefordert hat.

Auch wenn mancher Forscher beleidigt war, ist das Ziel der Ausschreibung eindeutig und dürfte Ökonomen einleuchten: Die Regierung wünscht sich Wettbewerb um gute Prognosen – und damit irgendwann auch bessere Vorhersagen. Das hat bisher offensichtlich nicht geklappt. Zwar geben die Forscher nun immerhin, anders als früher, häufiger Sicherheitsintervalle für ihre Prognosen an – und legen damit offen, wie unsicher ihre Prophezeiungen sind. Eine bessere Vorhersage aber ist bisher nicht gelungen, was die extremen Fehlprognosen in den Jahren 2007 und 2008 beweisen. Die Regierung hat allerdings noch keinen grundlegenden Zweifel an der Gemeinschaftsdiagnose geäußert, sondern gibt weiterhin Geld für sie aus. Im Jahr 2008 zahlte sie dafür, zusätzlich zu dem, was die Forschungsinstitute ohnehin erhalten, nach Angaben des Wirtschaftsministeriums rund 1,3 Millionen Euro; 2009 soll es etwa genauso viel sein.

Neben den Wirtschaftsweisen und den Ökonomen an Wirtschaftsforschungsinstituten gibt es noch diverse andere Positionen, in denen Volkswirte beratend für die Regierung tätig sein können, wenn auch mit geringeren Chancen auf den großen öffentlichen Auftritt. So hält sich die Bundesregierung eine fünfköpfige Monopolkommission, zu der auch ein Ökonom gehört. Dieses Gremium erstellt Gutachten zur Lage des Wettbewerbs im Land und in einzelnen Branchen sowie zur Monopolstellung einzelner Unternehmen. Zudem tummeln sich die Ökonomen in wissenschaftlichen Beiräten der Ministerien. Das Bundesfinanzministerium etwa hat einen sehr großen Beirat, der von Ökonomen durchsetzt ist. Dem wissenschaftlichen Beirat des Wirtschaftsministeriums gehören 38 Personen an, darunter viele bekannte Volkswirte.

Wem jetzt schon der Kopf schwirrt vor lauter Gremien und lukrativen Posten, die sich den Volkswirten anbieten, dem sei nur kurz angedeutet, dass es natürlich auch noch Landesministerien für Wirtschaft und für Finanzen gibt. Auch dort herrscht Beratungsbedarf, den die Ökonomen gerne decken. Zudem hat natürlich eine Vielzahl von Volkswirten wegen ihrer Fachkenntnisse Bedeutung in Teilen der Politik erlangt: Gesundheitsökonomen im Gesundheitssystem, Finanzmarktökonomen in der Regulierung der Banken, Geldmarktspezialisten in den Zentralbanken. Willkommen in der wunderbaren Welt der Ökonomen!

## Wozu braucht die Politik die ganzen Volkswirte?

Es ist ein altes Schauspiel, das seit Jahren in Berlin, London, Washington und sonst wo auf der Welt aufgeführt wird. In den Hauptrollen: Star-Ökonomen, Minister und Regierungschefs. Die Dramaturgie: Ökonomen kritisieren Politiker, Politiker kritisieren zurück. Gerade sind wieder die Politiker am Zug und werfen den Ökonomen Versagen vor. Sie tun das durchaus zu Recht, denn die Volkswirte haben die Wirtschaftskrise nicht gerade rechtzeitig vorhergesehen. Bevor man nun aber alle Gremien mit ökonomischen Beratern abschafft, stellt sich die Frage: Wieso hat die Politik die Volkswirte überhaupt in so großer Zahl zur Beratung gerufen? Was erwartet sie von ihnen? Und hat sie sie vielleicht einfach überschätzt?

Ganz grundsätzlich gilt: Die Ökonomen beschäftigen sich mit etwas, das für alle Menschen von Bedeutung ist. Es geht um Arbeitsplätze, Wohlstand, die Rente, Schulden, Steuern, Wachstum, Inflation – und letztlich vor allem um eins: Geld und wer davon wie viel in Zukunft hat. Man muss schon hartgesotten sein, diese Themen nicht relevant zu finden.

Nun könnten Politiker der Meinung sein, zur Diskussion dieser Themen bräuchten sie keine Ökonomen. So wie sie zur Diskussion, wie viel Macht die Europäische Kommission bekommen sollte, auch selten Politikwissenschaftler zurate ziehen. Hier kommt das zweite Argument zum Tragen: Wirtschaft ist kompliziert – und erscheint vor allem Außenstehenden kompliziert. Das liegt zwar zum Teil daran, dass Wirtschaftswissenschaftler sich gerne mit Formeln und Zahlen umgeben, um ihr wissenschaftliches Ansehen hochzuhalten (seht, wie kompliziert die Dinge sind, mit denen er sich beschäftigt, er muss ein Experte sein!). Es liegt aber auch daran, dass die Wirtschaft – vor allem, wenn sie global ist – auf so vielen Wechselbeziehungen beruht, dass sie tatsächlich nicht so leicht zu durchschauen ist. Verstärkt wird das dadurch, dass Wirtschaft kein Standard-Schulfach ist. Vielen Menschen, die etwas anderes oder gar nicht studiert haben, sind die Grundeinsichten des Faches unbekannt. Die Wirtschaftsteile der Zeitungen sind für sie schwer verständlich (das liegt allerdings auch an den Wirtschaftsteilen). Wenn ein Wirtschaftspolitiker zu sprechen ansetzt (Ordnungspolitik! Ludwig Erhard! Soziale Marktwirtschaft!), fangen sie an zu gähnen. Sie sind Volkswirtschafts-Laien und finden das häufig ganz in Ordnung.

Das gilt auch für Politiker. Immer weniger von ihnen sind selbst Ökonomen. Kein Wunder, dass ihnen unwohl ist, wenn es um Fragen der Wirtschaft geht, dass sie überfragt sind, wenn sie die wirtschaftlichen Folgen bestimmter Reformen einschätzen sollen. Weil sie selbst immer weniger von Wirtschaft verstehen, haben sie sich immer mehr Rat von außen geholt. Nur wegen dieser Unkenntnis in Parlamenten und Ministerien konnten die ökonomischen Berater die Macht erlangen, die sie heute innehaben.

Was erhoffen sich die Politiker nun von den Wirtschaftswissenschaftlern? Nun, sie delegieren einerseits ganze Politikbereiche an sie, weil sie glauben, dass die Ökonomen sie besser erledigen können als sie selbst. Dazu gehört insbesondere die Geldpolitik in der Zentralbank. Andererseits erhoffen sie sich von den Forschern fachkundige Information und Einschätzungen. In diese Kategorie fallen die wissenschaftlichen Beiräte der Ministerien, speziell eingeforderte Gutachten zur aktuellen Politik oder Spezial-Kommissionen, aber auch Teile der Gutachten der Wirtschaftsweisen. Daneben sind es aber vor allem die Prognosen bezüglich Arbeitslosigkeit, Verschuldung und Wachstum, die die Politik von den Experten einfordert. Sie braucht sie für die Öffentlichkeit, um zu demonstrieren, dass ihre eigenen Prognosen nicht überoptimistisch sind, und sie braucht sie zur eigenen Orientierung. Der Staat ist eine riesige Planwirtschaft und auf Vorhersagen angewiesen. Es ist bedauerlich, dass die Ökonomen gerade bei diesen Vorhersagen in den vergangenen Jahren so vollkommen falsch gelegen haben.

Neben diesen ganz handfesten Details will die Politik von den Ökonomen auch generell etwas über mögliche Risiken erfahren, denen die deutsche Wirtschaft in Zukunft ausgesetzt sein könnte und auf die sich die Gesetzgebung einstellen muss. Insbesondere was diesen letzten Punkt angeht, haben die Ökonomen die Anforderungen der Politik jedoch nicht erfüllt. Wieso das geschehen ist, muss dringend geklärt werden, aus ökonomischer und aus politischer Sicht. Es gibt grundsätzlich zwei Möglichkeiten: Entweder haben die Politiker die Fähigkeiten der Ökonomen überschätzt, und die Volkswirte konnten die Krise schlichtweg nicht vorhersehen. Oder die Erwartungen waren zwar angemessen und auch erfüllbar, doch die Ökonomen haben sich nicht genug bemüht, sich den falschen Themen zugewandt oder den falschen Theorien vertraut. Es sind die Kritiker der Volkswirte, die die erste These vertreten, und diese läuft auf eine einfache Empfehlung hinaus: Die Politik sollte aufhören, so viele Ökonomen zu beschäftigen. Die Anhänger der zweiten These sind eher die Freunde der Wissenschaft. Aus ihren Annahmen folgt eine schwierige Aufgabe: Die Ökonomie muss sich verändern; sie muss ihre Fehler aufspüren und daran arbeiten, sie zu beseitigen. Dann, so die Anhänger dieser These, ist die Krisenvorhersage in Zukunft besser.

Wahrscheinlich hat keine der beiden Gruppen vollkommen Recht. Es wird immer wieder dramatische wirtschaftliche Ereignisse geben, die Ökonomen nicht vorhersehen. Trotzdem ist es sinnvoll, auch aus der gegenwärtigen Krise zu lernen und die Ökonomie weiterzuentwickeln. Jetzt muss sich etwas ändern, auch im Eigeninteresse der Ökonomen. Sonst könnte der große Einfluss der Volkswirtschaft auf das politische Leben bald schwinden. Zwar war die Beziehung von Ökonomen und Politikern noch nie neutral und unaufgeregt, denn oft geben die Ökonomen andere Ratschläge, als es sich die Politiker wünschen würden. So hat der ehemalige Bundeskanzler Gerhard Schröder seine Beziehung zum Sachverständigenrat einmal durch folgendes Zitat von Heinrich Heine ausgedrückt:

> Anfangs wollte ich fast verzagen,
> Und ich glaubt', ich trüg es nie;
> Und ich hab es doch getragen –
> Aber fragt mich nur nicht, wie?

Doch bisher existierte zumeist noch so etwas wie Respekt gegenüber den Wirtschaftsfachleuten. Ob dieser weiterhin bestehen bleibt, hängt auch davon ab, welche Lehren die Ökonomen jetzt aus der Krise ziehen.

Kapitel 3

# Wie Ökonomen denken

Larry Summers ist ein berühmter Volkswirt. Mittlerweile arbeitet er als oberster Wirtschaftsberater des amerikanischen Präsidenten Barack Obama, früher war er einmal Chefökonom der Weltbank, dann kurzzeitig Finanzminister unter Bill Clinton, später Präsident der renommierten Harvard University. Larry Summers ist klug; er hat sich über sehr viele relevante Dinge der Wirtschaft Gedanken gemacht, die sich auch nach Jahren noch interessant lesen, etwa über die mögliche Wiederkehr großer Krisen, die ihn Anfang der neunziger Jahre kurzzeitig beschäftigte. Doch Larry Summers kann auch laut werden. Er poltert, er provoziert – und er hat dadurch schon viele Leute gegen sich aufgebracht.

Im Jahr 2006 wird er als Präsident der Harvard University zunehmend unbeliebt. Er hat Professoren gegen sich aufgebracht, viele Studenten und auch die Öffentlichkeit, als er in einer Rede im Jahr 2005 äußerte, dass Frauen wahrscheinlich deshalb seltener in hohe Positionen in der Naturwissenschaft gelangten, weil sie weniger talentiert seien als Männer. Das empörte und ließ den Rückhalt unter seinen Kollegen in Harvard, berühmten Professoren und Professorinnen aller Fächer, schrumpfen. Im Februar 2006 gibt der Anthropologe Peter T. Ellison der Zeitung *Boston Globe* ein Interview, in dem er mit Summers auf seine Art abrechnet. Er erzählt von einem Vorfall, der einige Jahre zurücklag. Summers war gerade Präsident geworden und schlug Ellison vor, Gelder vom Soziologie-Programm abzuziehen und stattdessen der Kennedy School of Government zukommen zu lassen, einer Fakultät, an der viele Ökonomen und Politikwissenschaftler arbeiten. Die Erklärung, wieso dieser Geldtransfer sinnvoll sei, war deutlich. »Präsident Summers fragte mich, ob ich nicht auch glaubte, dass, ganz generell, Ökonomen klüger sind als Politikwissenschafter und Politikwissenschaftler klüger als Soziologen«, erzählt Ellison. »Ich lachte nervös und antwortete nicht.«

Diese Begebenheit ist extrem. Nur wenige Volkswirte würden andere Fächer öffentlich so herabsetzen wie Summers. Doch heimlich zustimmen würden seiner Äußerung sicherlich viele, denn sie entspricht dem Selbstverständnis vieler Ökonomen. Nicht wenige Angehörige dieser Profession sind sich sicher, dass sie die Welt stärker voranbringen als andere Gesellschaftswissenschaftler. Oder, wie es der Schweizer Volkswirt Bruno Frey formuliert: »Ökonomen besitzen ein hohes Selbstvertrauen. Sie halten ihre Wissenschaft wegen ihrer analytischen Denkweise und hohen Formalisierung für die Königin der Sozialwissenschaften und nehmen deren Bedeutung für die Lösung gesellschaftlicher Fragen als selbstverständlich an.«

Zum Teil haben die Ökonomen damit durchaus Recht. Sie sind einflussreicher als Politikwissenschaftler oder Soziologen und verfügen über kompliziertere Modelle von der Welt als die meisten anderen Sozialwissenschaftler, ihre Methoden sind schwerer zu erlernen. Dass sie deshalb überlegen sind, ist allerdings zu bezweifeln. Überhaupt ist fraglich, *ob* es notwendig ist, das zu beurteilen. Auf jeden Fall wirkt eine solche Haltung unnötig arrogant. Da ist es wenig überraschend, dass Überheblichkeit oft das Erste ist, was Nicht-Ökonomen einfällt, wenn man sie nach Eigenschaften von Ökonomen fragt.

Volkswirte sind unbeliebt. Das ist offensichtlich schon lange so, denn John Maynard Keynes schrieb schon vor beinahe achtzig Jahren folgenden Wunsch nieder: »Wenn es die Ökonomen hinbekämen, dass man sie als bescheidene, kompetente Leute betrachtet, auf einer Ebene mit Zahnärzten, das wäre herrlich.« Dass dies bisher höchstens teilweise geklappt hat, liegt auch daran, dass Volkswirte und das Volk sich in vielen Dingen grundlegend unterscheiden.

Misstrauen erregen die Ökonomen allein schon durch den Gegenstand ihrer Betrachtungen: Es geht um Geld, um Reichtum und Armut, um Preise und Gehälter. Ökonomen rühren an Tabus, die in der Gesellschaft gelten, und sie merken das oft gar nicht mehr, weil sie es täglich tun. Geld ist zum Beispiel ein Thema, über das viele Menschen selbst unter Freunden ungern sprechen. Wer weiß schon genau, was der Kollege verdient? Wer traut sich, den Freund zu fragen, wie hoch sein Gehalt ist? Ökonomen hingegen reden ständig über Geld (wenn auch selten über ihr eigenes). Dabei kommunizieren sie nicht nur offen und relativ wertfrei über Schulden, Vermögen und Einkommen der Bevölkerung; sie entwickeln auch noch Vorstellungen, wie man den Wohlstand am besten mehren kann und wie man ihn verteilen sollte. Bei diesem Thema findet jeder erbitterte Gegner – egal welche menschlichen Qualitäten er mitbringt und welche These er vertritt. Es ist einerlei, ob er zum Beispiel für eine Erhöhung der Hartz-IV-Sätze eintritt oder für eine Absenkung, ob er für höhere Steuern für Gutverdiener ist oder Spitzensteuersätze senken will: Irgendjemand wird die Forderung immer unverschämt finden. Ökonomen kommt also allein aufgrund ihres Themas eine schwierige Rolle zu.

## Wie Ökonomen die Welt sehen

Schon Friedrich August von Hayek war betrübt darüber, dass seine Zunft ein solch schlechtes Ansehen in der Bevölkerung besitzt. Er glaubte, das liege an einer allgemeinen Abneigung gegen den Unterricht der Ökonomen in der Vergangenheit. Diese Abneigung, so sagte er 1944 in einer Rede an der London School of Economics, habe ein Bild des Ökonomen hervorgebracht »als eine Art Monster, das Kinder verschlingt«. Hayek aber sah seine Kollegen anders: »Ich muss sagen, dass ich sie insgesamt als eine überraschend nette, sensible und gescheite Gruppe von Menschen kennengelernt habe, weniger launisch und verrückt als andere Wissenschaftler. Trotzdem haben sie einen schlechteren Ruf als fast jeder andere Beruf und gelten als besonders hart, voller Vorurteile und frei von Gefühlen.« An Hayeks Diagnose hat sich bis heute nicht viel geändert. Es ist das Weltbild, welches Ökonomen ihren Studenten vermitteln, das in der Bevölkerung auf Ablehnung stößt. Es ist vielfach von Philosophen und anderen Wissenschaftlern kritisiert worden und ist auch unter Volkswirten umstritten. Vor allem aber gefällt es den Menschen nicht. Wer das verstehen will, muss erst einmal wissen, wie Ökonomen arbeiten.

Während die Grundlage beinahe jeder ökonomischen Arbeit früher die Philosophie war, sind es heute eher mathematische Modelle, die allerdings ebenfalls als eine Art mathematisierte Philosophie verstanden werden können. In ihnen lässt sich das Weltbild der Volkswirte finden. Die dominante Denkschule ist dabei die Neoklassik, deren Grundlagen schon im 19. Jahrhundert entstanden. Nach der Weltwirtschaftskrise der dreißiger Jahre gewann zwar im zwanzigsten Jahrhundert zunächst der Keynesianismus die Oberhand und bestimmte für einige Jahrzehnte die Wirtschaftspolitik und die ökonomischen Überzeugungen. Doch Ende der siebziger Jahre kehrte die Neoklassik zurück und wurde dominanter denn je.

Ihre Grundidee ist, dass Preise auf Märkten durch Tausch, also durch das Aufeinandertreffen von Angebot und Nachfrage entstehen. Ein Produkt kostet nicht einfach das, was es an Produktionskosten verursacht; es hat vielmehr den Preis, der sich ergibt, wenn Angebot und Nachfrage aufeinandertreffen und zum Ausgleich gelangen. Das kann man sich ähnlich vorstellen wie auf einem Basar, wo Händler und Käufer so lange miteinander feilschen, bis ein Preis feststeht, auf den sie sich einigen können. Genauso ergibt sich für die Neoklassiker auch auf dem Arbeitsmarkt der Preis – der Lohn – aus dem Aufeinandertreffen von Arbeitsangebot der Arbeiter und Arbeitsnachfrage der Unternehmen.

Die Neoklassik geht zudem davon aus, dass die Wirtschaft durch diese Mechanismen im Prinzip stets zu einem inneren Gleichgewicht strebt, in dem alle Märkte geräumt sind: Alle Menschen, die Arbeit wollen, haben Arbeit; alle Güter, die produziert werden, werden auch verkauft. Diese Anpassung funktioniert über den Preis und den Lohn, den Preis der Arbeit. Bieten sehr viele Menschen ihre Arbeitskraft an, so wird eben der Lohn so tief sinken, bis alle beschäftigt sind, die zu diesem Lohn noch arbeiten wollen. Wollen sehr viele Unternehmen Menschen einstellen, so steigt der Lohn so lange, bis Angebot und Nachfrage im Gleichgewicht sind. Ebenso funktioniert es auf dem Gütermarkt. Zu einem solchen Gleichgewicht streben nicht nur einzelne Märkte, sondern die ganze Volkswirtschaft. Krisen kommen in diesen Gleichgewichtsmodellen oft nur als Störfaktor vor. Sie treten auf, werden aber nicht systematisch erklärt. Das hat seinen Grund in der Annahme der Neoklassiker, dass die Wirtschaft durch Krisen nur kurzzeitig aus dem Gleichgewicht gebracht wird, langfristig jedoch dank der Marktkräfte wieder zum Gleichgewicht zurückstrebt.

Dieser Teil des neoklassischen Weltbilds ist sehr früh in die Kritik geraten, wurde aus ihm doch ursprünglich abgeleitet, dass der Staat in Krisenzeiten besser nicht eingreifen sollte, denn der Markt würde die Probleme nach einer gewissen Zeit von alleine beseitigen. Die Weltwirtschaftskrise in den dreißiger Jahren hat jedoch gezeigt, dass das nicht immer funktioniert. Der Markt braucht offenbar manchmal sehr lange, um wieder ins Gleichgewicht zu kommen, oder kann sogar in Gleichgewichtszustände geraten, in denen hohe Arbeitslosigkeit herrscht. Das kann zu Verwerfungen in der Gesellschaft führen. Diese schmerzhafte Erkenntnis hat dem Ruf der Ökonomen nicht gerade genützt, denn ihre damals vielfach abwartende Haltung zum Thema Staatseingriff wurde oft als kaltherzig wahrgenommen. Diese Erkenntnis war die Geburtsstunde des Keynesianismus, der auch in dieser Krise wieder auflebt. Der wichtigste Unterschied zur Neoklassik liegt darin, dass Keynesianer es für möglich halten, dass es auch Gleichgewichte der Wirtschaft gibt, in denen große Arbeitslosigkeit herrscht, dass also Krisen wirtschaftlich äußerst betrübliche Situationen auslösen können, aus denen sich der Markt allein nicht mehr befreien kann. Es braucht den Staat.

Mit der Zeit haben die Neoklassiker kleine Teile der keynesianischen Theorie in ihre eigene Vorstellungen eingegliedert (neoklassische Synthese). Heute gibt es nur noch wenige unter ihnen, die Staatseingriffe in schweren Krisen wie der derzeitigen strikt ablehnen, jedoch mahnen noch immer sehr viele Ökonomen den Staat auch jetzt noch zur Zurückhaltung. Das tun sie nicht, weil sie kein Mitleid für die Krisengeschädigten haben, sondern weil sie sicher sind, dass der Staat nicht alles kann, dass er Grenzen hat und dass der Markt oft besser in der Lage ist, die Wirtschaft wieder ins Gleichgewicht zu bringen, als der Staat. Diese Mahnung ist gut gemeint, die Ökonomen wollen damit Schlimmeres verhindern. Trotzdem – und hier liegt ein Grundmissverständnis – wird sie von Nicht-Ökonomen oft als herzlos wahrgenommen.

Um ihren komplexen Gegenstand überschauen und in Modellen abbilden zu können, müssen theoretische Ökonomen stark vereinfachen. Das tun sie, indem sie Annahmen treffen und eine Art idealen Markt konstruieren, etwa annehmen, alle Menschen hätten die gleichen Vorlieben und seien über alles informiert, was sich auf den Märkten tut, zum Beispiel über Preise, Anbieter und Qualität aller Produkte. Zudem seien alle Unternehmen gleich, verfolgten das gleiche Ziel, nämlich größtmöglichen Gewinn zu erzielen, und hätten sehr viele gleich strukturierte Konkurrenten. Diese Annahmen treffen sie nicht, weil sie denken, dass die Welt tatsächlich so ist – das wird von Laien manchmal missverstanden. Sie tun es, weil sie Modelle brauchen, die nicht zu komplex sind.

Gerade Mikroökonomen, also diejenigen, die sich der Wirtschaft im Kleinen widmen und etwa das Verhalten von Haushalten oder Unternehmen untersuchen, modifizieren oft diese Annahmen, um in bestimmten Situationen die Wirklichkeit besser abzubilden. Makroökonomen aber – diejenigen Volkswirte, die die gesamte Volkswirtschaft betrachten – binden sich häufig an sehr strenge, zum Teil höchst unrealistische Annahmen. Das liegt an der ungleich größeren Komplexität ihres Gegenstands, der größerer Vereinfachung bedarf, um im Modell betrachtet werden zu können.

Es sind auch die Makroökonomen, die noch besonders stark am alten Menschenbild der Neoklassiker hängen, am *Homo oeconomicus*. Während dieses Menschenbild sich in der Mikroökonomie schon langsam in seine Einzelteile auflöst, haben die Makroökonomen noch keine andere Theorie des menschlichen Verhaltens gefunden, die sie genauso praktisch und zutreffend zugleich finden. Der Homo oeconomicus ist der Teil des ökonomischen Weltbilds, der von außen am heftigsten kritisiert wird. Die Neoklassiker stellen sich diesen Menschen als vollständig rational vor, also als nicht von Gefühlen, sondern von seinem Verstand getrieben. Sein Ziel besteht in der Maximierung seines eigenen Nutzens; der Nutzen anderer interessiert ihn nicht. Nutzen kann dabei vieles sein: mehr Freizeit ebenso wie mehr Gehalt. In der Makroökonomie wird allerdings meist angenommen, dass der Mensch vor allem nach mehr Wohlstand strebt. Der Homo oeconomicus kann seine Ziele nie ganz erreichen, denn er lebt in einer Welt, in der alle Güter knapp sind. In der Regel aber kennt er zumindest alle Möglichkeiten der Entscheidung und kann unter ihnen die Alternative wählen, die dem Ziel am nächsten kommt. Dabei wägt er rational ab zwischen Kosten und Nutzen. Oft wird ihm zusätzlich unterstellt, dass er nicht nur vollkommen rational handelt, sondern auch rationale Erwartungen hat, wie sich die Welt entwickeln wird. Das heißt, er vermag das Ergebnis seines persönlichen Handelns in Zukunft genau zu berechnen.

Man stelle sich diesen Homo oeconomicus beispielsweise beim Waschmaschinenkauf vor. Wie geht er vor? Das ist für ihn nicht schwierig, kennt er doch die Modelle aller Waschmaschinenhersteller samt ihrer Preise, die es auf dem Markt zu kaufen gibt, sowohl im Internet als auch in jedem Laden. Für ihn macht es keinen Unterschied, wo er die Waschmaschine kauft, ihm geht es um das Verhältnis vom Preis der Maschine zum Nutzen, den sie ihm stiftet. Zudem kann er sich ganz genau ausrechnen, was es ihn kosten würde, wenn er seine Wäsche stattdessen wöchentlich in die Reinigung geben oder per Hand waschen würde. Vor dem Hintergrund all dieser Information wägt er Kosten und Nutzen ab und überlegt, was für ihn die beste Möglichkeit ist. Dabei interessiert ihn nicht, welche Waschmaschine beispielsweise seine Frau bevorzugt oder dass sein bester Freund ein Haushaltselektronik-Geschäft betreibt. Er denkt an sich. Bei seinem Freund kauft er also nur, wenn es dort billiger ist. An seine Frau denkt er beim Kauf nur, wenn ihre Freude über das neue Gerät auch ihm etwas bringt (etwa, wenn sie dann in Zukunft öfter die Wäsche für ihn macht).

Dieses Bild des ständig zwischen Nutzen und Nachteil abwägenden, eine Vielzahl von Informationen verarbeitenden, völlig rationalen und dabei äußerst selbstsüchtigen Menschen erscheint holzschnittartig und ziemlich zynisch, was die Abneigung erklärt, die ihm entgegenschlägt. Denn der Volkswirt reduziert den Menschen häufig auf die Verfolgung des Eigennutzens, sieht ihn als einsamen egoistischen Kämpfer in einer feindlichen Welt. Das betrachten viele Nicht-Ökonomen einerseits als moralisch verwerflich und andererseits als nicht der Wirklichkeit entsprechend.

Tatsächlich wurde vielfach widerlegt, dass sich der Mensch streng wie ein Homo oeconomicus verhält – übrigens insbesondere von Ökonomen selbst. In Wirklichkeit agieren Menschen weniger rational und stärker an ihren Mitmenschen orientiert. So sind sie nicht komplett verstandgesteuert, sondern handeln oft gemäß Faustregeln, manchmal auch nach ihrer Intuition. Sie sind nicht nur eigennutzorientiert, sondern interessieren sich auch für eine gewisse Gleichverteilung des Wohlstands in der Gesellschaft. Ökonomen finden immer wieder Beweise dafür, dass Menschen manchmal altruistisch handeln oder Fairness in einer Gruppe herbeiführen wollen.

Längst sucht ein ganzer Zweig der Wissenschaft deshalb nach einem neuen, brauchbareren Menschenbild, ohne sich bisher im Mainstream der Wissenschaft durchsetzen zu können. Der Großteil der Ökonomen betrachtet die neuen Theorien interessiert, reagiert aber nicht darauf; noch gehört der Homo oeconomicus zu den zentralen Lehren der Volkswirtschaft. Das liegt einerseits daran, dass er besonders gut dazu taugt, Modelle zu entwickeln. Er stellt ein relativ einfaches Konzept dar, und es würde die Modelle deutlich komplexer machen, wenn Menschen darin differenzierter denken und handeln würden. Andererseits hat sich dieses Menschenbild trotz seiner Fehler als durchaus erfolgreich erwiesen und in der Vergangenheit oft für brauchbare Prognosen gesorgt, da es das Verhalten der Menschen zumindest in der Tendenz richtig wiedergeben konnte. Viele Wirtschaftswissenschaftler geben sich deshalb pragmatisch: Sie wissen, dass das Menschenbild ihrer Modelle nicht mit der Wirklichkeit übereinstimmt, doch sie nutzen es weiterhin, weil eine brauchbare Alternative fehlt. Das trägt nicht dazu bei, das Verständnis der ökonomischen Laien für die Ökonomen zu verbessern.

## Wie Ökonomen argumentieren

Volkswirte lernen vom ersten Semester an, in anderen Kategorien zu denken als andere Menschen. Was sie vor allem auszeichnet, ist, dass sie das, was der Nicht-Ökonom Moral nennt, weitgehend ausklammern. Mit einem Begriff wie Fairness können nur wenige von ihnen etwas anfangen. Die meisten fühlen sich dafür nicht zuständig, finden den Begriff ungenau, schwammig. Mittlerweile gibt es zwar einige Volkswirtschafts-Professoren, die sich besonders stark mit Fairness-Empfindungen befassen: die Verhaltensökonomen. Doch sie beobachten sie etwa so, wie ein Biologe das Spielverhalten der Affen beobachtet: als Studienobjekt. Sie beurteilen sie nicht. Volkswirte sind sogar häufig äußerst skeptisch gegenüber moralischen Urteilen und versuchen, sich damit zurückzuhalten.

Das bedeutet aber nicht, dass sie keine Moral haben. Ökonomen sehen sich bloß nicht als Richter über menschliche Motive, sondern als Richter über Ergebnisse. Die Moral der Volkswirte gründet sich darauf, dass (fast) alles gut sei, was ein effizientes Ergebnis hervorbringt. Effizienzsteigernd ist dabei alles, was einige Menschen besserstellt, ohne andere schlechterzustellen. Der Durchschnitts-Volkswirt will also beispielsweise erfahren, ob niedrigere Steuern mehr Arbeitsplätze schaffen und damit mehr Wohlstand. Er interessiert sich hingegen weniger dafür, ob die Politik die Steuern aus den richtigen Gründen senkt. Die zentrale Frage lautet: Ist das Ergebnis effizient? Oder kann man das Verfahren noch so verbessern, damit am Ende ein Ergebnis herauskommt, das für alle besser und deshalb effizienter ist? Das erklärt auch, wieso die Wirtschaftswissenschaftler mit der viel gegeißelten Gier in der Krise wenig anfangen können. Ihnen geht es nicht darum, die Motive der Menschen zu verändern, sondern die Institutionen und Gegebenheiten der Wirtschaft so zu gestalten, dass – trotz aller Motive – am Ende etwas möglichst Gutes dabei herauskommt.

In diesem Vorgehen zeigt sich einer der entscheidenden Vorteile der Volkswirtschaftslehre: Sie ist extrem pragmatisch. Denn sie belässt dem Menschen die Freiheit über seine Motive und versucht nur, sein Verhalten zu zügeln. Damit lassen sich Lösungen für die Probleme der Wirtschaft finden, die niemanden an den Pranger stellen und rein mechanisch funktionieren, ähnlich wie in der Naturwissenschaft. Das geht so weit, dass die Rahmenbedingungen so gesetzt werden können, dass die dunklen Triebe des Menschen wie etwa die Gier am Ende sogar für alle positiv wirken. Solange es beispielsweise ein Kartellgesetz gibt, ist die Gier des Unternehmers positiv für die Menschen. Es gibt neue Produkte, die durch die Konkurrenz der verschiedenen Firmen untereinander auch noch günstig angeboten werden. Der Volkswirt sagt: Das Ergebnis stimmt, wen kümmert es, was den Unternehmer antreibt?

Dieses Denken ist Nicht-Ökonomen jedoch schwer zu vermitteln und damit auch der große Nachteil der Volkswirtschaftslehre. In vielen anderen Bereichen des Lebens lernen Menschen nämlich das Gegenteil: dass Motive wichtiger sind als Ergebnisse. Etwa vor Gericht. Hier entscheidet es zwischen jahrelanger Haft und Freispruch, ob eine Angeklagte ihr Opfer aus Notwehr getötet hat oder aus reinem Hass. Nicht der Tote, das Ergebnis, ist das Wichtigste für das Urteil, sondern der Tathintergrund, das Motiv. Dieses Denken haben die meisten Leute von klein auf gelernt, wenn es um Vorfälle geht, die Menschen betreffen, und sie interessieren sich brennend für Motive. Es ist nicht nur wichtig, ob ein Mann

Chef eines Unternehmens geworden ist, sondern auch, ob er es vor allem deshalb wurde, weil er gerne Leute herumkommandiert oder weil er besonders klug ist. Es ist nicht nur wichtig, ob der Nachbar drei Kinder hat, sondern auch, ob er sie deshalb bekommen hat, um während einer Kündigungswelle seinen Job zu sichern, oder weil er Kinder einfach liebt. Es ist nicht nur wichtig, ob wir ein funktionierendes Finanzsystem haben, sondern auch, ob Banker darin vor allem ihren eigenen Vorteil suchen oder auch einmal gesellschaftliche Verantwortung übernehmen.

Doch obwohl Ökonomen solche Motive, wenn überhaupt, für zweitrangig halten, müssen sie natürlich Annahmen über das menschliche Verhalten und seine Antriebe treffen, um Ergebnisse vorherzusagen. Zur Vereinfachung nehmen sie das schlimmstmögliche Motiv an: radikaler Eigennutz. Damit können sie die Politik bestmöglich vorbereiten, glauben sie. Doch dieses Menschenbild ist nur Mittel zum Zweck und wird von den Volkswirten selbst weder kritisiert noch hochgelobt. Das Missverständnis einiger Nicht-Ökonomen besteht darin, dass sie glauben, die Volkswirte sähen den Homo oeconomicus als Ideal an, besäßen selbst keine Moral und würden die Gier insgeheim auch noch gutheißen. In Zeiten der Krise triumphieren sie: Seht, was euer Homo oeconomicus angerichtet hat! Seht, wo die Gier der Banker hinführt! Was wart ihr dumm, euch nicht darum zu kümmern, die Banker zu besseren Menschen zu erziehen! Der Durchschnittsökonom kann solcher Argumentation nichts abgewinnen. Er hält sie sogar für etwas dümmlich. Denn nach Meinung des Wirtschaftswissenschaftlers ist nicht die Gier das Problem; es ist das System, das versagt hat. Es sollte die Gier kanalisieren, sodass am Ende das bestmögliche Ergebnis herauskommt. Das hat es nicht geschafft. So reden beide Gruppen aneinander vorbei und bleiben sich unsympathisch.

## Sind Ökonomen anders?

Ökonomen denken nicht nur anders als der Durchschnittsmensch, sie verhalten sich auch anders. Das zeigt die experimentelle Wirtschaftsforschung, die sich glücklicherweise immer weiter verbreitet und das ökonomische Verhalten der Menschen im Labor betrachtet. Sie nimmt sich gerne die eigene Zunft vor. Das ist gar nicht so schwierig, denn an diesen Experimenten nehmen häufig sowohl Versuchspersonen teil, die Ökonomie studieren, als auch Studenten anderer Fächer. Vergleicht man diese Gruppen, so kommt es zu interessanten Unterschieden.

Zum Beispiel in einem mittlerweile schon klassischen Spiel der experimentellen Wirtschaftsforschung, im sogenannten *Öffentliches-Gut-Spiel*: Von mehreren Versuchspersonen erhält jede eine bestimmte Menge Geld, zum Beispiel 10 Dollar. Diese 10 Dollar kann sie nun aufteilen in einen Betrag, den sie behält, und einen Betrag, der gemeinsam mit den Gaben der anderen Versuchspersonen in einen großen Topf kommt. Das Geld im großen Topf wird verdoppelt und danach unter allen Teilnehmern gerecht aufgeteilt – unabhängig davon, ob sie etwas in den Topf getan haben oder nicht. Das Experiment läuft anonym ab, sodass kein Teilnehmer verfolgen kann, wer etwas in den Gemeinschaftstopf spendet und wer nicht. Es gibt keine soziale Kontrolle.

Aus Gemeinschaftssicht wäre es nun optimal, jeder würde alles Geld in den großen Topf geben. So erhielten alle Versuchspersonen am Schluss das Doppelte ihres Ursprungsbetrags. Aus Sicht des Einzelnen aber ist es optimal, gar nichts in den Gemeinschaftstopf zu geben und alles zu behalten. Denn wenn die anderen etwas geben, hat er am Schluss umso mehr; und wenn die anderen nichts geben, hat er wenigstens nichts verloren. Diese Strategie ist – unabhängig davon, ob die anderen sehr viel geben oder sehr wenig – immer diejenige, die dem Einzelnen das höchste Ergebnis bringt. Jemanden, der sich genau so verhält und nichts in den Gemeinschaftstopf gibt, aber nachher etwas aus diesem Topf bekommt, nennt man unter Ökonomen einen Trittbrettfahrer.

Die Experimentatoren machten eine interessante Beobachtung: Unter Volkswirtschafts-Studenten gab es weitaus mehr Trittbrettfahrer als unter Studenten anderer Fächer. Der Unterschied in der Gebefreude war sehr deutlich. Im Schnitt gaben Ökonomiestudenten 20 Prozent ihres Anfangsgeldes in den Gemeinschaftstopf. Die anderen hingegen waren bereit, durchschnittlich fast die Hälfte ihres Anfangsbetrags in den Topf zu zahlen. Ökonomen verhielten sich also deutlich egoistischer als andere Menschen – und damit deutlich stärker entsprechend der ökonomischen Theorie.

Eine andere Studie betrachtete das Verhalten im sogenannten *Ultimatum-Spiel*. In diesem Experiment nimmt jede Versuchsperson eine Rolle ein: Sie ist entweder Verteiler oder Empfänger. Der Verteiler bekommt 10 Dollar und darf diese zwischen sich und dem Empfänger aufteilen, wie er will. Der Empfänger erhält eine Mitteilung über diese Aufteilung und entscheidet dann, ob er sie annimmt oder nicht. Lehnt er sie ab, bekommen beide kein Geld, weder Verteiler noch Empfänger. Nimmt er an, bekommen beide das Geld so, wie es der Verteiler bestimmt hat. Das Experiment läuft anonym ab. Verteiler und Empfänger wissen also nicht, mit wem sie zusammenspielen, und können sich auch nicht beobachten oder miteinander absprechen.

Die ökonomische Theorie sagt nun vorher, dass der Verteiler dem Empfänger den geringstmöglichen Betrag anbieten werde, in der Studie war das 1 Cent. Für sich selber werde er also 9,99 Dollar behalten. Die dahinter stehende Logik der Ökonomen ist, dass 1 Cent für den Empfänger immer noch besser ist als gar kein Geld – und dass deshalb der Empfänger auf jeden Fall annimmt, auch wenn er die Aufteilung nicht als gerecht empfindet. Der Verteiler weiß das und bietet ihm deshalb diesen geringsten Betrag. In Wirklichkeit allerdings, das ist oft gezeigt, werden niedrige, als ungerecht empfundene Angebote sehr häufig abgelehnt, obwohl das dazu führt, dass am Ende beide leer ausgehen, Empfänger und Verteiler.

Wie verhielten sich nun die Ökonomie-Studenten? Deutlich stärker entsprechend der ökonomischen Theorie. Das heißt, sie boten als Verteiler dem Empfänger deutlich niedrigere Beträge. Und als Empfänger akzeptierten sie auch deutlich niedrigere Beträge als Versuchspersonen mit anderem Ausbildungshintergrund. Sie verhielten sich also einerseits rationaler und stärker am Eigennutz orientiert. Sie waren andererseits aber auch weniger empört, wenn eine gerechte Lösung nicht zustande kam. Vielleicht hatten sie eine solche einfach nicht erwartet.

Ein drittes Spiel, in dem Ökonomen und Nicht-Ökonomen sich unterscheiden, ist das sogenannte *Gefangenendilemma*. Auch in diesem Experiment gibt es Paare von zwei Versuchspersonen, die anonym miteinander spielen. Jeder kann für sich entscheiden, ob er mit dem anderen kooperiert oder nicht. Er weiß vor seiner Entscheidung nichts darüber, was sein Versuchspartner tun wird; er kann ihn nicht sehen und kann sich mit ihm auch nicht absprechen. Je nachdem, wie die beiden Versuchspersonen sich entscheiden, verändert sich ihre Auszahlung am Schluss (siehe Tabelle 2). Kooperieren beide, so ist sie für beide gleich und relativ hoch. Kooperieren beide nicht, so ist sie auch identisch, aber relativ niedrig. Kooperiert einer, aber der andere nicht, so ist die Auszahlung unterschiedlich. Derjenige, der kooperiert, erhält nichts, derjenige aber, der nicht kooperiert, erhält einen sehr hohen Betrag.

**Tabelle 2: Die Auszahlungen im Gefangenendilemma**

| | | Spieler A | |
|---|---|---|---|
| | | kooperiert | kooperiert nicht |
| Spieler B | kooperiert | 2 für A<br>2 für B | 3 für A<br>0 für B |
| | kooperiert nicht | 0 für A<br>3 für B | 1 für A<br>1 für B |

Aus Sicht der Gruppe ist es ideal, wenn beide Spieler kooperieren, denn dann erhalten sie zusammengezählt die höchste Auszahlung, die auch noch gerecht zwischen beiden verteilt ist. Aus Sicht des Einzelnen jedoch ist es ideal, nicht zu kooperieren. Denn egal was der Mitspieler tut, immer ist es die bessere, also dem Spieler selbst mehr einbringende Strategie, nicht zu kooperieren. Entscheidet sich der Mitspieler für Kooperation, so ist die eigene Auszahlung höher, wenn man nicht kooperiert (3 statt 2). Entscheidet der Mitspieler sich gegen Kooperation, so ist die eigene Auszahlung ebenfalls höher, wenn man nicht kooperiert (1 statt 0). Gibt es keine Möglichkeit, sich zuvor abzusprechen, dann sollten beide Spieler – so die Vorhersage der Ökonomen – nicht kooperieren.

Im Labor geschieht das allerdings deutlich seltener, als es die Theorie vorhersagt. Nur knapp 40 Prozent der Nicht-Ökonomen entschieden sich im Experiment dafür, nicht zu kooperieren. Deutlich mehr als die Hälfte hingegen kooperierten, obgleich sie nicht wussten, was der Mitspieler tun würde. Und was taten die Ökonomie-Studenten? Sie verhielten sich ganz anders. Mehr als 60 Prozent kooperierten nicht und folgten damit dem, was die ökonomische Theorie als logisch ansieht – ein deutlich höherer Anteil als unter Nicht-Ökonomen.

Die Experimente zeigen: Studenten der Volkswirtschaft verhalten sich offensichtlich deutlich stärker gemäß der Theorie vom Menschen, die sie in ihren Vorlesungen lernen. Sie sind rationaler, durchschauen bestimmte Spiele sehr schnell und handeln dann stärker als andere in ihrem Eigeninteresse. Diese Abweichungen zwischen Volkswirten und anderen Akademikern sind jedoch nicht in jedem Experiment zu beobachten, sondern zeigen sich besonders deutlich in Spielen, in denen es um Kooperation geht und die anonym ablaufen. Können sich hingegen zum Beispiel beim Gefangenendilemma die Spieler vorher untereinander austauschen und Kooperation vereinbaren, so verhalten sich Ökonomiestudenten kaum mehr anders als die Stundenten anderer Fächer. Es ist also keinesfalls so, dass Ökonomen eher dazu neigen, andere Menschen gezielt zu täuschen.

Nichtsdestotrotz: Die Unterschiede zwischen Ökonomen und Nicht-Ökonomen beschäftigen die Wissenschaftler noch heute, auch wenn die hier zitierten Studien aus den achtziger und frühen neunziger Jahren stammen. Es gibt Streit über die Gründe für die unterschiedlichen Verhaltensweisen. Lernen Volkswirtschaft-Studenten das egoistische Verhalten, das sie zeigen, durch das Studium ökonomischer Theorien? Oder sind es von Anfang an eher rationale, von Eigennutz getriebene Menschen, die sich für ein Studium der Ökonomie entscheiden? Für die Professoren sind das wichtige Fragen. Denn die Antwort darauf entscheidet, ob sie mit ihrer Lehre die jungen Erwachsenen indoktrinieren und umerziehen oder ob sie lediglich eine bestimmte Klientel anlocken. Für Beobachter von außen sind diese unbeantworteten Fragen allerdings nicht ganz so relevant. Fest steht: Ja, Ökonomen sind anders. Zumindest in manchen Situationen. Andere Versuchspersonen überlegen offensichtlich häufig: Welches Vorgehen wäre fair? Ökonomen hingegen denken eher: Welches Vorgehen bringt mir das beste Ergebnis? Sie verhalten sich wie der Homo oeconomicus, sie haben ihre Theorie ins eigene Leben eingepasst. Das ist, rein menschlich gesehen, nicht besonders schmeichelhaft. Vielleicht ist es auch der Grund dafür, dass Ökonomen nicht gerade zu den beliebtesten Wissenschaftlern auf diesem Planeten gehören. Dabei muss ihr Verhalten nicht bedeuten, dass sie per se besonders egoistische Menschen sind. Es könnte auch sein, dass sie besonders pessimistisch sind und ihrem Gegenüber mehr Egoismus unterstellen.

Glauben sie, dass der andere – egoistisch, wie er ist – nicht kooperiert, so kooperieren sie selbst natürlich auch nicht. Glauben sie, dass die anderen – egoistisch, wie sie sind – nichts in den Gemeinschaftstopf einzahlen, dann tun sie selbstverständlich auch nichts hinein.

Das macht das ökonomische Denken für den Laien nicht sympathischer. Denn dann wäre zwar der Ökonom nicht außergewöhnlich egoistisch, aber er unterstellte den anderen, besonders selbstsüchtig zu sein. Auch nicht gerade nett. Der Durchschnittsmensch glaubt gerne an das Gute in sich und den anderen. Der Ökonom rechnet meist mit dem Schlimmsten. Kein Wunder, dass sie sich nicht verstehen.

## Woran deutsche Volkswirte glauben

Experimente erkunden meist nur das Verhalten und Denken der Ökonomie-Studenten. Ihre Professoren, deren Assistenten und die in der Privatwirtschaft und im öffentlichen Dienst tätigen Volkswirte sind schwieriger zu beurteilen, denn sie nehmen nur selten an Laboruntersuchungen teil. Dabei sind es ihre Überzeugungen, die am besten Aufschluss darüber geben können, was die Zunft der Politik rät; die einen Hinweis darauf geben könnten, vor welchen Gefahren sie warnt und welche sie für weniger bedrohlich hält und erst gar nicht genau untersucht. Aus ihren Überzeugungen kann man ablesen, wo die blinden Flecken liegen. Es ist schließlich überraschend, dass die Ökonomen trotz ihres prohibitiv negativen Weltbilds die Krise nicht gesehen haben. Irgendetwas muss mit ihrem Modell der Wirklichkeit, mit ihren Annahmen oder mit ihren Interessen nicht gestimmt haben. Irgendwo müssen sie einen Fehler gemacht haben. Was glaubten also die Ökonomen, bevor die Bankenkrise sie in die Sinnkrise stürzte?

Im Jahr 2006 befragten der Verein für Socialpolitik, die mächtigste Ökonomenvereinigung Deutschlands, und die Zeitung *Financial Times Deutschland* 2674 Volkswirte zu diversen Themen. 570 Ökonomen antworteten auf die 40 Fragen, darunter waren ein gutes Drittel Professoren, 44 Prozent sonstige Wissenschaftler an Universitäten und Instituten, 13 Prozent kamen aus der Privatwirtschaft und 7 Prozent arbeiteten im öffentlichen Dienst außerhalb der Hochschule. Sie waren im Durchschnitt 42 Jahre alt und zum Großteil männlich, nur 15 Prozent von ihnen Frauen. So weit, so erwartet. Dann jedoch folgten auf ein paar Fragen unerwartete Antworten. Etwa als es um die politische Ausrichtung ging. Zwar äußerte die Mehrzahl der Volkswirte (28 Prozent) immer noch die größte Sympathie für die FDP. Doch an zweiter Stelle folgten mit beinahe 23 Prozent interessanterweise die Grünen. CDU und SPD waren weit abgeschlagen. Auch als es um ein Vorbild für Deutschland ging, wichen die Volkswirte vom Vorurteil ab und nannten keineswegs zuerst die Vereinigten Staaten. Nein, Schweden, die Niederlande und Dänemark kamen auf die ersten drei Plätze. Amerika nahm nur Platz neun ein, noch hinter Österreich und Neuseeland.

In ihrem Weltbild entsprachen die Ökonomen hingegen dem bisher Skizzierten – und waren sich äußerst ähnlich. Die weitaus meisten gaben sich als Anhänger der Neoklassik zu erkennen. Der These »Die neoklassische Theorie ist wichtig zur Lösung der aktuellen wirtschaftspolitischen Probleme« stimmten 30 Prozent stark zu und 50 Prozent etwas zu. Das heißt, dass ganze 80 Prozent der Befragten diese dominierende Theorie der Volkswirtschaftslehre im Grunde unterstützen und richtig finden. Lediglich 17 Prozent äußerten sich ablehnend. Dieser Vormarsch der Neoklassik ist besonders eindrücklich, wenn man das Ergebnis mit einer ähnlichen Umfrage aus dem Jahr 1981 vergleicht. Zwar sind die Ergebnisse aufgrund einer anderen Fragestellung nicht genau vergleichbar, aber die damalige größere Skepsis gegenüber der Neoklassik ist doch deutlich zu erkennen. Die Ökonomen sollten folgende These bewerten: »Die neoklassische Theorie ist die einzige taugliche Grundlage der Mikroökonomie«. Nur 8 Prozent stimmten damals voll zu, 38 Prozent mit Einschränkung; insgesamt waren also 46 Prozent aufseiten der Neoklassik. 49 Prozent hingegen lehnten sie im Großen und Ganzen ab. Auch wenn man wegen der unterschiedlichen Fragestellung einige Prozentpunkte abzieht, ist der Unterschied immer noch enorm: Die Neoklassik ist innerhalb von 25 Jahren von einer eher kritisch beäugten Denkschule zum dominierenden Dogma der Volkswirtschaftslehre geworden. Wenig überraschend ist es vor diesem Hintergrund, dass es heute vor allem die älteren Ökonomen sind, die der Neoklassik noch skeptisch gegenüberstehen, während die jüngeren sie eher schätzen. Zudem sind die Professoren an den Universitäten, die die Neoklassik ja zumeist lehren, dieser Denkschule gegenüber positiver eingestellt als Ökonomen, die woanders tätig sind.

Passend zu diesem Befund wird auch das neoklassische Menschenbild, der Homo oeconomicus, in der Befragung 2006 viel stärker geschätzt als noch 1981. Während seinerzeit noch mehr als die Hälfte der Volkswirte den Homo oeconomicus für ein Zerrbild der Wirklichkeit und deshalb für unbrauchbar hielten, waren es 2006 nur noch rund ein Drittel. Der Großteil sah diesen Entwurf zumindest in Teilen für brauchbar an, auch hier wieder vor allem die jüngeren Ökonomen. Und es waren wieder die Professoren, die besonders heftig für ihn – und damit für ihre Lehrmeinung – eintraten.

Neben diesen Themen, die die grundsätzliche Denkweise der Ökonomen widerspiegeln, wurden zwei Fragen gestellt, die sich im Nachhinein als für die Krise relevant erweisen: »Kann die Finanzpolitik den Konjunkturzyklus stabilisieren?« und: »Kann die Notenbank den Konjunkturzyklus stabilisieren?« Die Antworten darauf sind interessant, weil genau eine solche Stabilisierung in der derzeitigen Wirtschaftskrise nicht gut gelang. Die Wirtschaft stürzte weltweit in eine tiefe Rezession – obwohl Notenbank und Staatskasse dies eifrig zu verhindern versuchten. Vermutlich haben beide Schlimmeres verhindert, doch sie waren weit davon entfernt, die Konjunktur tatsächlich zu glätten.

2006 war der Optimismus allerdings noch groß. Auf beide Fragen antwortete eine Mehrheit der Volkswirte mit »Ja« oder »Ja, unter Vorbehalt«. Jeweils rund 67 Prozent hielten den Staat und die Notenbank für fähig, die Konjunktur zu stabilisieren. Das ist eine überwältigende Mehrheit, wenn man bedenkt, dass die Deutschen der Konjunktursteuerung seit den Schwierigkeiten in den siebziger Jahren eher skeptisch gegenüberstehen. Doch offensichtlich galt auch für die deutschen Ökonomen, was für die Amerikaner sowieso richtig war: Viele überschätzten die Möglichkeiten von Staat und Notenbank. Sie glaubten, die Mittel zur Konjunktursteuerung, die die Großen ihres Faches erfunden hatten, seien besser, als sie es am Ende tatsächlich waren. Es wäre spannend zu sehen, wie die gleiche Umfrage heute ausgehen würde.

Interessant im Zusammenhang mit der Krise ist auch die Meinung dazu, was einen guten Volkswirt ausmache. Hier waren vor allem Spezialkenntnisse gefragt: 76,6 Prozent der Ökonomen gaben an, »sehr gute Fachkenntnisse in einem Gebiet« seien »sehr wichtig«. Eines jedoch hielten erschreckend wenige für zentral: Wissen über die aktuelle Wirtschaftslage. Nicht einmal die Hälfte der Befragten gab an, dass es »sehr wichtig« sei, sich damit auszukennen, um ein guter Ökonom zu sein. Schon bei der Veröffentlichung im Jahr 2006 hat dieses Ergebnis einige Wissenschaftler und Journalisten verstört. Vor dem Hintergrund der jetzigen Wirtschaftskrise wirkt es sogar entlarvend. Denn wie soll man eine Krise kommen sehen, wenn man sich für die aktuelle wirtschaftliche Situation nicht besonders interessiert? Im Nachhinein ist offensichtlich, dass viel Detailwissen notwendig war, etwa Kenntnisse der Finanzmärkte und des Immobilienmarkts in Amerika. Wer sich nicht in die aktuelle Wirtschaftslage eingearbeitet hat, weil er sie nicht als sehr bedeutend für seinen Beruf ansah, konnte dieses notwendige Wissen gar nicht sammeln.

Entlarvend ist auch, dass die Ökonomen trotz dieser Missachtung aktueller Entwicklungen zu einem überwiegenden Teil angaben, dass sie ein Amt in der Politikberatung annehmen würden, wenn es ihnen angeboten würde: 73 Prozent waren dazu bereit. Wie man Politikberatung machen soll, wenn man keine sehr guten Kenntnisse der aktuellen Wirtschaftslage hat, ist allerdings fraglich. Offenbar glauben viele Volkswirte, dass sie sich, wenn sie theoretisches Denken und empirische Methoden gelernt haben, schnell in die aktuellen Themen einarbeiten können. Das mag sein, doch ist es aus Sicht der Öffentlichkeit kaum zu begrüßen, wenn viele unserer hoch bezahlten Wirtschaftsexperten sich kaum noch mit der tatsächlichen Wirtschaft befassen und das Aktuelle eher als zweitrangig ansehen. Denn wie soll dann jemand Fehlentwicklungen erkennen? Außerdem ist es ein Irrglaube, die Fakten der Wirtschaft wären leicht zu überblicken, wenn man nur einmal die richtigen Methoden und Theorien entwickelt hat. Das hat diese Krise bewiesen.

## Kleine Typologie der Ökonomen

Ökonomen gibt es wie Sand am Meer, und nicht jedes Körnchen gleicht dem anderen. Es existieren unterschiedliche Vorstellungen davon, was die Volkswirte selbst sein wollen. Am leichtesten lassen sie sich durch den Vergleich mit anderen Berufen einordnen. Die Wissenschaftler selbst lieben solche Vergleiche. So wünschte sich John Maynard Keynes den Ökonomen als Zahnarzt, Gregory Mankiw bezeichnete ihn als Ingenieur und Friedrich August von Hayek verglich ihn mit einem Gärtner.

## Der Ökonom als Astrologe

Kein Volkswirt würde sich selbst mit einem Sterndeuter vergleichen – und doch verhalten sich einige von ihnen so. Sie betrachten Daten der Vergangenheit und deuten aus ihnen die zukünftige Entwicklung der Wirtschaft. Damit machen sie die Wirtschaftswissenschaft zum Orakel. Der Astrologe unter den Ökonomen sagt punktgenau das künftige Bruttoinlandsprodukt voraus, weiß, wie viele Arbeitslose es in einem Jahr geben wird und welchen Branchen Unheil droht. Er hat genaue Vorstellungen über die Entwicklung von Inflation und Zinsen.

Zu dieser Kategorie von Volkswirten gehören alle Prognostiker, also die Konjunkturabteilungen der großen Forschungsinstitute, viele Bankenvolkswirte und teilweise der Sachverständigenrat. Sie alle geben regelmäßig Konjunkturprognosen ab, manchmal treffend, manchmal so zuverlässig wie das Wochenhoroskop in der Fernsehzeitschrift. Nur drücken sie sich selten genauso schwammig aus, wie diese Horoskope geschrieben sind, sodass ihre Fehler schnell für alle sichtbar werden. Die Klügeren unter den Prognostikern weisen deshalb darauf hin, dass ihre Vorhersagen keinesfalls als Prophezeiungen zu verstehen sind, sondern als bedingte Vorhersagen: Wenn die Bedingungen sich ändern und etwa plötzlich unerwartete Risiken auftreten, gelten sie nicht mehr.

Die Astrologen unter den Volkswirten erhalten große Aufmerksamkeit. Die Medien interessieren sich genauso für sie wie die Politiker und die Anleger. Die Politik erstellt auf Basis solcher Prognosen ihre Haushaltspläne fürs kommende Jahr. Anleger richten sich oft nach ihnen, weil die Wirtschaftsentwicklung auch die Aktienkurse beeinflusst. Und auch der normale Mensch sorgt sich um seine wirtschaftliche Zukunft und ist deshalb daran interessiert, möglichst frühzeitig etwas darüber zu erfahren – und sei es nur ein kleines Stück von der Wahrheit. Jedoch sind die Astrologen unter den Ökonomen nicht besonders treffsicher. Es gilt allgemein: Je langfristiger die Prognose, desto weniger trifft sie zu. Und je außergewöhnlicher bestimmte Ereignisse, desto unwahrscheinlicher, dass die Prognose sie berücksichtigt hat. Deshalb hat auch kein Institut die Krise korrekt vorhergesehen. Und deshalb gibt es viele Volkswirte, die diesen Zweig ihrer Wissenschaft für ein wenig skurril, wenn nicht gar unseriös halten.

## Der Ökonom als Historiker

Der Historiker unter den Volkswirten lernt aus seiner Beschäftigung mit der Vergangenheit viel über wirtschaftliche Zusammenhänge. Gerade in der Makroökonomie, also in der Betrachtung ganzer Volkswirtschaften, ist der Historiker ein wichtiger Ideengeber für die ökonomische Theorie. Das liegt daran, dass niemand seine makroökonomischen Theorien einfach testen kann, schließlich wäre das Schicksal ganzer Volkswirtschaften davon betroffen. Weder ist es möglich, eine Hyperinflation ausbrechen zu lassen, um deren Wirkung auf das Wachstum zu beobachten, noch eine Bankenpleite zu inszenieren.

Aus der Geschichte hingegen kann der Volkswirt lernen, welche Folgen eine Hyperinflation haben kann (Anfang der zwanziger Jahre in der Weimarer Republik oder in Argentinien in den Jahren 1989/90) oder was passiert, wenn eine große Bank oder sogar mehrere pleitegehen (Lehman-Pleite im Jahr 2008, Weltwirtschaftskrise in den dreißiger Jahren). Der Nachteil dabei ist, dass die Volkswirtschaften in der Vergangenheit nie exakt die gleichen Strukturen aufwiesen wie heute, sodass der Ökonom als Historiker immer abwägen muss, wie relevant die Vergangenheit für das Hier und Jetzt ist.

Zu den berühmtesten Historikern unter den Ökonomen gehören etwa Charles P. Kindleberger, der unter anderem die Große Depression in Amerika im Jahr 1929 untersucht hat, und Douglass North, der 1993 den Nobelpreis für Wirtschaftswissenschaften erhielt. Andere Ökonomen haben sich immer wieder der Methoden der historisch orientierten Ökonomen bedient.

Trotz dieser berühmten Namen ist der Ökonom als Historiker in den vergangenen Jahrzehnten eher in den Hintergrund getreten. Aus den Lehrplänen für das Grundstudium ist die Wirtschaftsgeschichte verschwunden, sie wird oft nur noch als Wahlfach angeboten. In der Öffentlichkeit war der historisch orientierte Ökonom eine Zeit lang ebenfalls nicht gefragt. Das ändert sich in der Krise, in der viele Parallelen zur Vergangenheit gezogen werden, etwa zur Weltwirtschaftskrise. Ökonomen, die diese Zeit erforscht haben, wie etwa die amerikanische Volkswirtin Christina Romer, sind auf einmal gefragt.

## Der Ökonom als Philosoph

Viele Volkswirte, gerade in Deutschland, sehen sich noch heute als Sozial- und Moralphilosophen. Sie unterscheiden sich bedeutend von dem derzeit dominanten Ökonomentypus, der sich als Quasi-Naturwissenschaftler definiert. So sind sie zwar durchaus sehr interessiert daran, viel über die Wirtschaftswelt, ihre Institutionen und Geschichte zu erfahren, doch im Zentrum steht das eigene Nachdenken über diese äußere Welt sowie der Versuch, ihre Mechanismen und Eigenheiten zu verstehen und zu erklären. Der Philosoph unter den Wirtschaftswissenschaftlern stellt die grundlegenden Fragen, die ruhig auch normativ sein können: Welche Regeln sollen für die Wirtschaft eines Landes gelten? Wie viel Staat brauchen wir, wie viel Markt? Was verstehen wir als gerecht? Wie hoch soll sich ein Staat verschulden dürfen? Anders als viele der angelsächsisch geprägten Ökonomen will der Sozialphilosoph dabei nicht unbedingt nur möglichst objektiv die Wirtschaft, die Politik und ihre Effekte beschreiben, sondern sucht auch nach allgemeingültigen Normen. Er glaubt sogar, dass eine umfassende wirtschaftspolitische Beratung gar nicht anders möglich ist. Denn die Wirtschaft sieht er als empirisch nicht vollständig erfassbar und als wenig geeignet, mit ihr Experimente zu machen. So entwickelt er beispielsweise bestimmte Prinzipien, an die sich die Politik halten sollte, um eine funktionierende Marktwirtschaft zu garantieren.

In der Geschichte waren die großen Ökonomen immer auch Philosophen: von Adam Smith bis Friedrich August von Hayek. Heute findet man die Philosophen in Deutschland unter anderem unter den Ordoliberalen, die jahrzehntelang die deutsche Ökonomenlandschaft geprägt haben. Diese Schule verliert jedoch unter den jüngeren Volkswirten zunehmend Anhänger, während ihre Prinzipien in der Wirtschaftspolitik immer noch sehr präsent sind (wenn sie auch nicht immer befolgt werden). Auch aus der Lehre verschwindet der Ordoliberalismus zusehends. Das hat damit zu tun, dass die Volkswirtschaft sich auch in Deutschland in den vergangenen Jahren zu einer Wissenschaft gewandelt hat, die möglichst wertfrei Empfehlungen geben will. Zudem begründet sie ihre Empfehlungen immer häufiger auf systematisierter Erfahrung aus der Vergangenheit, also auf Empirie mithilfe von komplizierten statistischen Methoden, nicht nur auf Reflexion.

Natürlich kann aber auch weiterhin nicht alles empirisch belegt werden, was die ökonomischen Theoretiker sich ausmalen. Dann kommt die Philosophie wieder ins Spiel. Hier konkurrieren die Sozialphilosophen mit den eher mathematisch ausgerichteten Theoretikern, die ihre Ideen gerne in komplexe Modelle kleiden. Die mathematischen Theorien sind seit Jahrzehnten auf dem Vormarsch und dominieren die wissenschaftlichen Fachzeitschriften, was nach Ansicht vieler Philosophen unter den Ökonomen grundsätzliche, auch moralische Fragen in den Hintergrund gedrängt hat, auf die man sich in der Krise wieder besinnen sollte. Allerdings kann man nicht behaupten, dass die Sozialphilosophen besser darin waren, vor der Krise zu warnen, als andere Ökonomen.

## Der Ökonom als Psychologe

Auch der Psychologe unter den Ökonomen weicht vom Durchschnitt seiner Profession ab. Er hält zwar häufig die Neoklassik für eine sinnvolle Denkrichtung, doch er glaubt nicht an eine ihrer wichtigsten Grundlagen: die Idee des Homo oeconomicus, die Vorstellung, der Mensch handele perfekt rational und sei nur am eigenen Gewinn orientiert. Deshalb versucht der Psychologe, die typischen Verhaltensweisen des Menschen auf Märkten zu untersuchen, um so das künftige Verhalten besser vorhersehen zu können.

Es ist insbesondere die Verhaltensökonomie, die eher psychologisch arbeitet. Ihr Instrument ist das Experiment im Labor. Bekannte Vertreter im deutschsprachigen Raum sind Ernst Fehr in Zürich und Reinhard Selten, emeritierter Professor in Bonn. Auch in Amerika gibt es diverse Psychologen unter den Ökonomen, etwa den Nobelpreisträger Vernon Smith, und Verhaltensökonomen, die sich vor allem auf den Finanzmarkt spezialisiert haben, wie Robert Shiller und Richard Thaler. Ebenfalls eher psychologisch ausgerichtet ist die in den vergangenen Jahren populär gewordene Glücksforschung. Sie setzt nicht so sehr daran an, dass der Mensch sich anders verhält, als von der Neoklassik angenommen, sondern dass er andere Ziele verfolgt. Den Neoklassikern gilt Wohlstand als größtes Ziel: je mehr Geld, desto besser. Die Glücksforschung untersucht ganz genau, ob und wann Geld tatsächlich glücklich macht und welche Dinge sonst zu Zufriedenheit führen.

Beide Schulen sehen sich jedoch nicht als Revolution der Wirtschaftswissenschaften, sondern eher als Ergänzungen und Erweiterungen. Die Forscher wollen zumeist die neoklassischen Modelle verbessern, nicht abschaffen. Ihre Erkenntnisse können sehr nützlich sein, denn Krisen sind menschengemacht. Es besteht die Hoffnung, dass Krisen besser vorhersehbar sind, wenn die Irrationalität des Menschen besser verstanden wird.

## Der Ökonom als Arzt

Der Ökonom, der sich als Arzt sieht, glaubt, dass er über bestimmte Rezepte verfügt, um Probleme der Wirtschaft zu lösen. Diese Rezepte schlagen jedoch nicht bei jedem Patienten gleich gut an. Oft weiß der Ökonom als Arzt nicht, woran das liegt, und in einigen Fällen auch nicht, woher die Krankheit kommt und wann sie geheilt sein könnte. In anderen Fällen hingegen ist sowohl die Entstehung der Krankheit leicht zu klären als auch die Therapie. Der Ökonom als Arzt weiß, dass seine Wissenschaft nicht exakt ist und dass seine Methoden nicht ausreichen, um jeden Patienten zu retten. Deshalb ist er bescheiden und pragmatisch. Er will nicht die Welt erklären, sondern die beste Methode zur Heilung finden.

Schon John Maynard Keynes wollte gerne, dass die Volkswirte sich als eine Art Zahnärzte verstehen. Er selbst entwickelte Ansätze, um praktische Probleme der Großen Depression zu lösen, also eine Art Therapie für die Welt zu entwerfen. Seit Keynes gibt es viele Ökonomen, die ihm nacheifern und sich vor allem als Therapeuten der Wirtschaft verstehen. Man erkennt sie in diesen Krisenzeiten daran, dass sie nach Lösungen suchen und nicht erst eine entsprechende komplizierte neue Theorie aufstellen oder modifizieren wollen. Auch unter neoklassisch ausgerichteten Ökonomen gibt es einige, die sich gerne als Ärzte betrachten. Ihre Rezepte unterscheiden sich gegebenenfalls sehr von denen der Keynes-Nachfolger, so wie es auch in der Medizin stets konkurrierende Methoden und Heilmittel gibt.

Bisher haben sich die Ärzte unter den Ökonomen vor allem darauf konzentriert, Krisen zu lösen oder zu lindern. Es könnte sich lohnen, wenn sie sich jetzt mehr mit der Prävention beschäftigen würden, damit die nächste Krise nicht so schnell kommt. Für die genaue Krisenvorhersage fühlen sie sich jedoch seit jeher nicht zuständig.

## Der Ökonom als Physiker

Die Lösung praktischer Probleme ist für den Ökonomen, der sich als Physiker sieht, zweitrangig. In erster Linie will er die Welt und die Wirtschaft erklären und vorhersehen. Der Physiker unter den Ökonomen sucht in den vorhandenen Daten über die Wirtschaft nach systematischen Zusammenhängen, die Naturgesetzen ähneln. Diese verpackt er in hoch theoretische mathematische Modelle, die möglichst umfassend die Wirtschaftswelt darstellen und erklären sollen. Sie können häufig auch genutzt werden, um Vorhersagen zu machen.

Es sind insbesondere die theoretischen und empirischen Makroökonomen, die sich seit langem als eine Art Naturwissenschaftler sehen. Wie die Physiker, unter denen es Theoretiker und Empiriker gibt, erstellen auch die ökonomischen Theoretiker komplexe Modelle von der Welt und die ökonomischen Empiriker versuchen sie zu überprüfen. Die Theorie funktioniert zwar ähnlich wie in der Physik und ist mittlerweile auch ähnlich mathematikdominiert und hochkomplex, doch die Überprüfung gestaltet sich schwieriger. Denn während die Physik viele ihrer großen Fortschritte vor allem durch den Erkenntnisgewinn mittels wiederholter Experimente gemacht hat, sind die ökonomischen Empiriker vielfach auf Daten aus der Vergangenheit angewiesen. Geschichte lässt sich aber nicht unter anderen Bedingungen wiederholen, um zu schauen, was alternativ hätte passieren können. Zwar lassen Ökonomen seit einigen Jahrzehnten auch zunehmend Experimente im Labor ablaufen, jedoch können sie auch dort viele Situationen lediglich simulieren, nicht vollständig nachstellen.

Manch einer hält den Eifer einiger Ökonomen, zu Physikern zu werden, deshalb für grundfalsch. Dabei haben die Kritiker meist die theoretischen Physiker im Blick. Diese sind nämlich enorm einflussreich geworden und eine der dominanten Gruppen unter den Volkswirten. Nicht selten sind es ihre komplexen Theorien, die mit dem Wirtschaftsnobelpreis geehrt werden. Die Gegner jedoch schimpfen auf die Liebe der Theoretiker zur Mathematik und auf ihre Weltferne. Viele Philosophen und Historiker unter den Ökonomen sehen die hochkomplexen

Modelle der Physiker-Ökonomen bloß noch als Zweig der Mathematik ohne Relevanz für das wirkliche Leben.

Nicht abzustreiten ist jedoch, dass die empirisch orientierten Physiker in dieser Krise sehr nützlich sein werden. Denn sie verfügen über gute Instrumente, die Mechanismen der Krise zu identifizieren, damit sie sich nie wieder in dieser Form wiederholt.

## Was kann die Ökonomie?

Ökonomie ist eine Sozialwissenschaft, keine Naturwissenschaft. Trotzdem gibt es auch in der Wirtschaft bestimmte Gesetzmäßigkeiten oder typische Zusammenhänge, die zu identifizieren sinnvoll ist. Dazu ist die Volkswirtschaftlehre da. Und das hat sie in vielen Fällen durchaus gut gemacht. Sie hat erkannt, dass extreme Geldvermehrung mittelfristig zu hoher Inflation führt, manchmal aber auch kurzfristig der Wirtschaft einen Stoß geben kann. Sie hat entdeckt, dass starke Konkurrenz zwischen Firmen zu niedrigeren Preisen führt, Monopole schädlich sind und dass der Staat als Unternehmer häufig träge und wenig innovativ ist. Sie verfügte sogar schon einmal über einige Theoretiker und Historiker, die sehr genau den typischen Verlauf von Krisen beschrieben hatten, etwa Charles P. Kindleberger und Hyman Minsky, der in dieser Krise wiederentdeckt wird.

Leider war die Krisen-Anatomie in den vergangenen Jahren in Vergessenheit geraten. Das ist fast typisch für die Wissenschaft von der Volkswirtschaft, in der immer wieder alte Erkenntnisse in Vergessenheit geraten, weil neue Theorien aufgestellt werden, die dann später ebenfalls wieder fallen gelassen werden. Zwar entwickelt sich jede Wissenschaft so weiter, mittels Idee, Versuch und Fehler. In der Volkswirtschaft aber ist diese Entwicklung nicht so eindeutig wie etwa in vielen Naturwissenschaften, denn es kommt selten zu einer systematischen Widerlegung alter Ideen. Vielmehr werden sie manchmal einfach vergessen oder aufgrund von Einzelereignissen für falsch erklärt. Es geschieht immer wieder, dass einstige Wahrheiten verworfen werden, weil die Beweislast gegen sie erdrückend erscheint – nur um später wieder hervorgekramt zu werden. Kein Wunder, dass Kurt Tucholsky in seinem Aufsatz »Kurzer Abriss der Nationalökonomie« schon im Jahr 1931 bissig bemerkte:

> Die Grundlage aller Nationalökonomie ist das sog. »Geld«. (...) Für Geld kann man Waren kaufen, weil es Geld ist, und es ist Geld, weil man dafür Waren kaufen kann. Doch ist diese Theorie inzwischen fallengelassen worden. (...) Dass der Arbeitgeber für seine Arbeit auch einen Lohn haben muss, ist eine Theorie, die heute allgemein fallengelassen worden ist. (...) In der Wirtschaft gibt es auch noch kleinere Angestellte und Arbeiter, doch sind solche von der neuen Theorie längst fallengelassen worden.

Die Satire offenbart ein grundlegendes Problem der Ökonomen: Sie sind wankelmütig; selbst simpelste Zusammenhänge bleiben lange umstritten. Beispielsweise ist es bis heute unter Ökonomen ungeklärt, ob es die Konjunktur wirklich anschiebt, wenn der Staat in Krisenzeiten kurzzeitig mehr Geld ausgibt, oder ob das Ganze nach ein paar guten Monaten wieder verpufft. Ebenfalls heiß umstritten ist die Frage, ob ein Land wie Deutschland lieber mehr sparen oder mehr konsumieren sollte (beides gleichzeitig geht nicht) und ab wann eine hohe Staatsverschuldung schlecht für das Land ist. Das zeigt, dass Ökonomie eine nicht gerade exakte Wissenschaft ist und eine schwierige noch dazu. Das liegt nicht daran, dass Ökonomen dümmer sind als andere Menschen. Es liegt daran, dass sie nur sehr langsam lernen, denn sie können nicht so viele beziehungsweise so realitätsnahe Experimente machen wie andere Wissenschaftler. Oft bleiben dem Volkswirt nur zwei Möglichkeiten: die Geschichte betrachten oder über bisher nie Dagewesenes Theorien aufstellen.

Darüber sollte man allerdings nicht vergessen, dass Ökonomen in der Vergangenheit durchaus einige Großexperimente gewagt haben, die Datenmengen für die Forschung bieten. Die Transformation der ehemaligen sozialistischen Länder Osteuropas in kapitalistische Wirtschaftsformen beispielsweise war ein solches Experiment. Diese Staaten wurden damals vielfach von westlichen Ökonomen beraten. Experimente waren ebenso die strikten Bedingungen, die der Internationale Währungsfonds Ländern stellte, die einen Kredit bei ihm beantragten. Hier wurde von den Volkswirten probiert, die Länder auf eine bestimmte Wirtschaftsstruktur zu verpflichten. Ein Experiment ist ebenfalls diese Krise. Zwar hat man aus Fehlern der Weltwirtschaftskrise gelernt und versucht, sie nicht zu wiederholen. Doch viele Schritte, die jetzt unternommen werden, sind doch neu. Die Abwrackprämie der Deutschen – ein Experiment.

Der Bankenrettungsfonds Soffin – ein Experiment. Der Ankauf von Staatsanleihen durch die amerikanische Notenbank – ein Experiment, das womöglich gravierende Folgen hat.

Die Beispiele zeigen, dass die Ökonomen sich heute wieder einmal in einer Phase des *learning by doing* befinden. Vielleicht werden sie in dieser Krise ihr Versagen eingestehen und sich noch einmal neu orientieren. Vorbilder aus anderen Berufsgruppen gibt es genügend, die zu imitieren ein Versuch wäre. Wahrscheinlicher jedoch erscheint es derzeit, dass sich kaum etwas ändern wird. Ein kleines Umsteuern aber könnte zu wenig sein nach dieser Krise, die die blinden Flecken der Zunft offengelegt und ihren ohnehin schon eher schlechten Ruf schwer beschädigt hat. Besserung für die Zukunft ist dringend angesagt. Dazu muss man allerdings zunächst einmal begreifen, wieso die meisten Ökonomen die Gefahr einer neuen Weltwirtschaftskrise nicht gesehen haben.

## Kapitel 4

# Die Irrtümer: Was ist schiefgelaufen?

Seit dem 19. Jahrhundert gilt die Ökonomie den Briten und den Amerikanern als *the dismal science*, die trostlose Wissenschaft. Ursprünglich kam der Begriff auf, weil Ökonomen oft Ansichten vertraten, die aus heutiger Sicht fortschrittlich, damals aber nicht populär waren. So argumentierten einige von ihnen vehement für die Abschaffung der Sklaverei. Später wurde der Begriff *dismal science* ausgeweitet und umfasste auch Ökonomen, die sich mit Krisen, Hungersnöten, Arbeitslosigkeit und sonstigen unangenehmen Dingen beschäftigten. Der frühe ökonomische Denker Thomas Malthus etwa sagte schon im 18. Jahrhundert vorher, welch verheerende Auswirkungen es haben kann, wenn die Bevölkerung stark wächst, aber die landwirtschaftliche Produktion nicht mithalten kann und in der Folge das Essen knapp wird. Er stellte sogar die deprimierende Theorie auf, dass die Bevölkerung in guten Zeiten immer stärker wächst als die Wirtschaft, sodass die Wohlstandsgewinne für den Einzelnen aufgezehrt werden. Elend ist die Folge, das dezimiert die Bevölkerung – nur damit der Zyklus kurz darauf wieder von vorne losgeht. Auch wenn Malthus mit seinen Horrorvisionen am Ende nicht Recht behalten hat, die Beschäftigung mit trostlosen Zeiten und den Gründen dafür war einmal zentral für die Vordenker der Volkswirtschaftslehre.

Für die vergangenen Jahre muss die Bezeichnung der Ökonomie grundlegend überdacht werden. Denn offensichtlich haben die professionellen Volkswirte in den letzten Jahrzehnten nicht allzu viele Gedanken an große Krisen in etablierten Industriestaaten verschwendet. Es gab natürlich Ausnahmen – aber in der Breite und vor allem auch unter den Star-Ökonomen herrschte Optimismus. Man traute entweder dem

Markt, dass er nicht mehr so viele Krisen produzieren würde wie einst; oder man traute dem Staat, dass er im Zweifelsfall über die richtigen Mittel verfügte, wenn die Märkte versagten. Die Ökonomen beschäftigten sich in der Folge mit anderen Dingen als deprimierenden Krisen und möglichen plötzlichen Gefahren für die Weltwirtschaft. Sie sahen sich nicht als Warner, sondern als Dienstleister, die halfen, kleinere Fehler im System auszubessern, um noch größeres Wachstum zu erreichen. Große, schwer kontrollierbare Fehler vernachlässigten sie. Es ging ihnen ums *fine-tuning*, um die Feinabstimmung der Wirtschaft, damit sie ihren Weg ewigen Wachstums weitergehen konnte. Unversehens war die Ökonomie zur *happy science* geworden, zur fröhlichen Wissenschaft.

Das ist nun vorbei. Die Depressions-Ökonomen sind wieder da. Die Historiker der Weltwirtschaftskrise sind die neuen Stars unter den Volkswirten, die Krisen-Propheten sind wieder en vogue und dürfen jetzt auch überall dort Interviews geben, wo sie vorher belächelt wurden. Die etablierten Volkswirte in Deutschland sind hingegen in eine Sinnkrise gestürzt. Ihre Prognosen waren durchweg ziemlich daneben. Sie haben erst nicht gesehen, dass es eine Finanzkrise geben würde; dann haben sie mitten in dieser Krise nicht erkannt, welche Folgen sie für die gesamte Wirtschaft haben würde. Die Fragen lauten: Wieso wurde nicht viel früher und viel eindringlicher vor den Risiken gewarnt, die sich über Jahre aufgebaut haben? Wieso haben die Ökonomen die Dramatik der Lage offenbar vollkommen falsch eingeschätzt? Öffentliche Warnungen, die über ein pauschales »Irgendwann kommt immer eine Krise« hinausgehen und konkrete Gründe nennen, hätte es doch seit einigen Jahren geben müssen. Von Mainstream-Ökonomen, nicht bloß von Außenseitern. Das muss man von einer Gemeinschaft, die sich tagtäglich mit wirtschaftlichen Zusammenhängen befasst, erwarten können. Eine größere Minderheit, besser eine Mehrheit der bekannten Wirschaftswissenschaftler hätte sehen müssen, was da auf uns zukommt. Sie hätten rechtzeitig dafür sorgen können, dass eine solche Krise verhindert oder zumindest abgeschwächt wird, dass ein Notfallplan bereitsteht und die Staaten wissen, was sie tun müssen.

Das ist nicht geschehen. Gerade in Deutschland wurde vor Gefahren kaum gewarnt, aber auch die Stars in Amerika haben sich damit nicht hervorgetan. Die Ökonomie hat sich selbst diskreditiert. Jetzt wollen die ersten Nicht-Ökonomen der unseligen Wissenschaft ihre einflussreichen

Gremien nehmen, den Sachverständigenrat abschaffen, die Prognosen stoppen. Bevor solche Konsequenzen ergriffen werden, ist jedoch eine wichtige Frage zu klären: Was ist eigentlich schiefgelaufen? Dabei sind drei Gruppen von Volkswirten zu betrachten: Was ist schiefgelaufen unter den professionellen Prognostikern, den Propheten der Ökonomen, die erst den Zeitpunkt der Krise und später ihre Dramatik nicht erkannt haben? Was ist schiefgelaufen unter den sonstigen Ökonomen, die sich zwar nicht rühmen, Konjunkturumschwünge vorhersehen zu wollen, die aber Gefahren hätten erkennen müssen? Und was ist schiefgelaufen unter den sehr wenigen Warnern der Krise, die es zwar gab, denen es aber nicht gelang, sich genügend Gehör zu verschaffen?

## Blinde Propheten – die Fehler der Prognostiker

Die Prognostiker unter den Ökonomen haben in dieser Krise am deutlichsten versagt. Der Finanzmathematiker und Philosoph Nassim Nicholas Taleb schreibt in seinem Bestseller *Der schwarze Schwan* über sie: »Jeder, der durch Vorhersagen Schaden anrichtet, sollte als Narr oder Lügner behandelt werden. Manche Prognostiker verursachen in der Gesellschaft mehr Schaden als Verbrecher.« Er geht in dem Buch, das wohlgemerkt *vor* der Finanzkrise entstand, sogar so weit, einige von ihnen ganz direkt aufzufordern: »Suchen Sie sich eine andere Arbeit!« Damit ist er heute nicht mehr allein. Viele Menschen sind empört über die dramatischen Fehlprognosen der Vergangenheit. Auch die Politik. Allerdings hält sie trotz allem weiterhin an den von ihr bezahlten Prognostikern fest. Das liegt daran, dass sie selbst aufgrund internationaler Abkommen Prognosen erstellen muss und diese mit denen der Wissenschaftler vergleichen will. Und es liegt sicherlich auch daran, dass sie keine Möglichkeiten sieht, die Vorhersagen zu verbessern. Das wäre die Aufgabe der Prognostiker. Die aber wollen ihre Schwierigkeiten ungern öffentlich diskutieren. Die großen Institute haben in ihrer Gemeinschaftsdiagnose vom Frühjahr 2009 noch einmal deutlich erklärt, dass sie ihre Arbeit – nicht gerade eine Überraschung – für wichtig halten. Den Vorschlag, ihre Prognosen für eine Zeit einzustellen, haben sie dabei für »in sich inkonsistent, nicht zielführend, bedarfsfremd und praktisch undurchführbar, unter bestimmten Umständen sogar für schädlich« erklärt.

Bezeichnenderweise verteidigen die Prognostiker sich nicht damit, sie würden ja normalerweise mit ihren Prognosen immer richtig liegen. Das wäre auch falsch. Sie haben schon oft gründlich fehlgegriffen, und das wissen sie auch sehr genau. Sie leben allerdings entweder mit der Illusion, dass sich diese Fehler vielleicht irgendwann durch noch bessere ökonometrische Methoden, verlässlichere Daten und umfangreichere Modelle beseitigen lassen. Oder sie sind zumindest überzeugt, dass schlechte Prognosen besser sind als gar keine. Wenn sie da mal nicht falschliegen.

Was sind nun die Fehler, die zu den völlig falschen Prognosen geführt haben? Fragt man die Prognostiker selbst, so flüchten sie sich in eine simple Ausrede. Eine solche Krise, wie es sie im Herbst 2008 gegeben habe, sei *nicht zu prognostizieren*. Ökonomen vergleichen solche Ereignisse gerne mit Naturkatastrophen und nennen sie exogene Schocks: Situationen, die plötzlich und unerwartet eintreten wie Erdbeben, Meteoriteneinschläge und neuerdings anscheinend auch Finanzkrisen. Der Grund dafür, dass Ökonomen diese Schocks als exogen bezeichnen, liegt dabei einfach darin, dass sie sie nicht erklären können.

Dieses Argument zieht nicht. Von einem exogenen Schock kann man vielleicht sprechen, wenn ein großer Krieg eine Krise auslöst oder ein Atomreaktorunfall neben der Umweltkatastrophe auch eine Wirtschaftskrise hervorruft. Eine Finanzkrise allerdings kann nun wirklich nicht exogener Schock genannt werden. Die Krise wurde ausgelöst durch die Übertreibungen der Märkte und eine falsche Regulierung und Steuerung seitens des Staates. Beides, die Märkte und ihre Steuerung durch den Staat, sind die zentralen Themen der Volkswirte. Das zu bestreiten gleicht einer Selbstverleugnung der eigenen Wissenschaft. Was soll eine Ökonomie bringen, die alles, was unregelmäßig ist, nicht mehr für ihre Aufgabe hält? Eine solche Wissenschaft des ewigen gemäßigten Vorwärtsbrausens ist weltfremd. Man muss sich fragen, ob die Welt Prognostiker benötigt, die nur das Gleichmäßige vorhersehen können, nicht den Schock, die Krise, den Boom.

Die Forscher der Wirtschaftsforschungsinstitute wählen in ihrer regelmäßig erstellten Gemeinschaftsdiagnose eine andere Erklärung. Sie schieben ihr Versagen lieber auf die Ökonomie im Allgemeinen. In ihrem Frühjahrsgutachten 2009 liest sich die Krisenursachenforschung so, als hätten sie selbst nicht allzu viel damit zu tun:

> Eine Revision der Prognose der Veränderungsrate um 6,2 Prozentpunkte innerhalb eines halben Jahres hat es in der Geschichte der Gemeinschaftsdiagnose noch nicht einmal annähernd gegeben. (...) Eine Ursache für den großen Fehler liegt darin, dass die Wechselwirkungen zwischen Finanzmärkten und Gütermärkten sowie die Ursachen und Abläufe von Finanzkrisen in der Ökonomie insgesamt nicht soweit verstanden sind, dass Situationen wie die gegenwärtige genau prognostiziert werden können.

Leider schreiben die Forscher nicht, ob sie das nachträglich erkannt haben oder ob sie immer schon gewusst haben, dass sie weder Finanzkrisen noch den Zusammenhang von Güter- und Finanzmärkten richtig verstehen. Es ist für sie zu hoffen, dass ihnen das vorher noch nicht so genau klar war. Ansonsten muss man sie fragen, wieso sie nicht früher deutlicher auf diese Beschränkungen hingewiesen haben. So haben sie zwar im Oktober 2008 zusätzlich zum Basisszenario in ihrer Prognose auch ein Risikoszenario entworfen. Das war aber trotz aller angenommenen Risiken noch viel zu vorsichtig und kam für 2009 auf einen Einbruch des Wachstums von 0,8 Prozent. Das ist meilenweit entfernt von der Schätzung, die sie ein halbes Jahr später, im April 2009 anstellen: minus 6 Prozent. Es ist gut, dass die Prognostiker nun Ursachenforschung betreiben. Nur ist es bezeichnend, dass sie nicht erwähnen, dass auch ihre eigenen Modelle falsch sein könnten, sie mit den falschen Methoden oder mit den falschen Daten arbeiten. Lieber bleiben sie vage und sprechen über die Ökonomie im Allgemeinen. Das ist unbefriedigend.

Um die tatsächlichen Ursachen der falschen Prognosen zu verstehen, tut es gut, die Perspektive der Prognostiker zu verlassen und einmal von außen auf deren Geschäft zu blicken. Unübersehbar ist nämlich sofort der *falsche Fokus*, wenn es um das Erkennen von Krisen geht. Die Prognostiker geben zwar an, ihr Ziel sei es vor allem, Umschwünge richtig zu erkennen und die Tendenzen der Konjunkturentwicklung (nach oben oder nach unten) zu erfassen. Doch in Wirklichkeit bildete den Kern jeder Prognose der vergangenen Jahre stets die exakt berechnete Wachstumszahl. Dass sie meist auf die Kommastelle genau angegeben wird, zeigt, wie viel Arbeit die Institute hineinstecken, hier möglichst präzise zu sein. Statt sich vor allem auf Risiken und Umschwünge zu konzentrieren, entwickeln sie zahlreiche ausgefeilte Modelle, in der Hoffnung, damit immer genauere Zahlen prognostizieren zu können.

Das wäre ja vernünftig, wenn es denn klappen würde, genauer zu werden. Dies klappt aber kaum. Im Gegensatz zu den Meteorologen haben die Prognostiker auch mit immer komplizierteren Modellen keine großen Fortschritte gemacht. Trotzdem gaukeln die Institute mit ihren auf die Kommastelle berechneten Prognosen weiterhin eine Sicherheit vor, die es so nicht gibt. Kein großes Institut hat sich die Kritik aus vergangenen Jahren zu Herzen genommen und das Wachstum zum Beispiel nur noch auf halbe oder ganze Prozentpunkte genau prognostiziert. Kein Institut hat sich von der Punktprognose verabschiedet, um bloß noch eine Tendenzprognose zu erstellen – nach dem Motto: Wann kommt der Umschwung? Kein Institut macht statt einer Konjunktur- eine reine Risikoprognose, was ja auch möglich wäre. Konjunkturrisiken werden vielmehr am Rande der Konjunkturberichte kurz diskutiert, ohne dass das große Auswirkungen auf die Vorhersage hat. Selbst wenn die Forscher Risiken erkennen, fehlt ihnen oft der Mut, solche Risiken zum Hauptthema ihrer Prognose zu machen und sie wichtiger zu nehmen als die eine Wachstumszahl. So wäre ja nichts dagegen einzuwenden, wenn sie in ruhigen Zeiten weiterhin ihrem Spieltrieb nachgingen und möglichst große mathematische Exaktheit anstrebten. In unsicheren Zeiten könnten sie sich hingegen davon verabschieden und sich vor allem mit Risiken (beziehungsweise in Aufschwungzeiten mit Chancen) beschäftigen und diese ganz intensiv untersuchen.

Das tun sie aber nicht. Bei den Prognostikern klaffen Anspruch und Wirklichkeit weit auseinander. Das liegt nicht nur daran, dass sie selbst die Pseudo-Exaktheit der Wachstumsprognose schätzen. Es gibt für sie auch starke Anreize, sie zu liefern. Zum einen, um weiterhin im Geschäft zu bleiben. Denn die Politik – der größte Finanzier – fordert Genauigkeit von ihnen ein. Zum anderen, um in den Medien präsent zu sein. Denn Zeitungen und Rundfunk lieben Wahrsagerei, die von der Illusion wissenschaftlicher Exaktheit umgeben ist. Für die Prognostiker ist es gut, häufig zitiert zu werden und Interviews zu geben, um ihren Expertenstatus zu erhalten, ihre wissenschaftliche Kompetenz zu demonstrieren – und damit weiterhin private und öffentliche Mittel für ihre Forschung zu bekommen.

Allerdings trifft das Argument, die Auftraggeber erwarteten es genau so, zumindest für die vergangenen Jahre nicht mehr ganz zu. Denn so simpel sind Politiker auch nicht gestrickt. Die oberste Auftraggeberin, Bundeskanzlerin Merkel, hat die Wissenschaftler schon im Jahr 2006 ordentlich gerüffelt ob ihrer Fehlprognosen. Sie hat ihnen nahegelegt, zumindest die Unsicherheit ihrer Vorhersagen in Zukunft deutlicher zu machen, also nicht weiterhin Genauigkeit vorzugaukeln, wo es keine gibt. Siehe da: Auch die Politik mag exakte Prognosen nicht, wenn sich herausstellt, dass sie in dieser Exaktheit eigentlich gar nicht möglich sind. Seither ist es tatsächlich so, dass die Institute häufiger sogenannte Konfidenzintervalle angeben. Das sind Bereiche, in denen die Vorhersage halbwegs sicher ist. So kann man in der Gemeinschaftsdiagnose vom Frühjahr 2008 lesen, dass das Wachstum im Jahr 2008 mit einer Wahrscheinlichkeit von zwei Dritteln zwischen 1,1 und 2,5 Prozent liegen werde. Das ist ein gehöriger Spielraum, den die Forscher bisher nicht allzu gerne angaben. Der Hinweis findet sich deshalb auch nur versteckt auf Seite 36 der 80-Seiten-Schrift; in der Kurzversion des Gutachtens ist er gar nicht zu finden. Die Gemeinschaftsdiagnose vom Frühjahr 2009 gibt ebenfalls ein solches Intervall an, allerdings mit dem Hinweis, dass es in diesen unsicheren Zeiten mit Vorsicht zu genießen sei.

Es ist eindeutig: Die Prognostiker wissen sehr genau, mit wie vielen Fehlern ihre Vorhersagen behaftet sind, sie haben bloß kein großes Interesse, darüber zu sprechen. Das ist leicht zu erklären, wenn man sie mit denjenigen vergleicht, die früher einmal ihre Stellung einnahmen: mit den Wahrsagern. Man stelle sich vor, eine Wahrsagerin würde ihrem Kunden prophezeien, er werde mit einer Wahrscheinlichkeit von zwei Dritteln in den kommenden fünf Jahren mittlerer bis guter Gesundheit bleiben. Würde diese Wahrsagerin auf Dauer ein gutes Geschäft machen? Würde der Kunde sie weiterempfehlen? Vermutlich nicht. Denn die Wahrscheinlichkeitsaussage lässt erkennen, mit welchen Fehlern ihre Vorhersage behaftet ist. Und Prognosen mit allzu großen Fehlern interessieren die Menschen nicht. Für Prognosen mit Fehlern braucht man nämlich keine hellseherischen Fähigkeiten oder komplizierte mathematische Modelle – die kann sich jeder selbst erstellen. Die Prognostiker sorgen sich also schlichtweg, dass sie ihr Geschäft verlieren, wenn sie ihre Unsicherheit allzu offen in die Welt posaunen. Manche geben das sogar beinahe zu. So schreibt Roland Döhrn, Konjunkturchef des Rheinisch-Westfälischen Instituts für Wirtschaftsforschung in Essen, im Jahr 2007 über die Gemeinschaftsdiagnose:

> Deutlicher als bisher auf die Grenzen ihrer Aussagen hingewiesen haben die an der Gemeinschaftsdiagnose beteiligten Institute diesmal in jedem Fall. Nun liegt es an der Öffentlichkeit und der Politik, damit auch sinnvoll umzugehen. Denn nichts wäre schlimmer, als folgte der Klage über falsche Prognosen nun der Vorwurf, die Unsicherheit der Vorhersagen wäre so groß, dass man auf die Gemeinschaftsdiagnose ganz verzichten könne.

Die Prognostiker haben Angst, abgeschafft zu werden. In Zeiten, in denen der eine oder andere aus der Gemeinschaftsdiagnose geworfen wird oder sogar aus der Leibniz-Gemeinschaft, ist das vielleicht sogar eine berechtigte Angst. Doch eins ist klar: Sie begünstigt Fehlprognosen ungemein. Denn die Forscher spielen aus Sorge ihre Unsicherheit herunter und stecken ihre Energie vor allem in das unmögliche Unterfangen einer möglichst genauen Punktprognose, statt sich stärker den Risiken und Chancen für die Konjunktur zuzuwenden oder gar die eigenen Unzulänglichkeiten zu thematisieren. So steht es mit den Prognosen der Ökonomen weiterhin genau so, wie es die amerikanische Volkswirtin Deirdre McCloskey im Jahr 1990 beschrieb: »Die Ökonomen erzählen unwahrscheinlich detaillierte Szenarien in die Mikrofone von Fernsehreportern, aber tief in ihrem Herzen wissen sie, dass sie sich irren.«

Wieso waren die Prognosen vor der Krise nun aber besonders ungenau? Das liegt an ein paar ganz praktischen Problemen, deren sich die Forscher durchaus bewusst sind. Die Menschen, die am Schluss die Vorhersagen in der Zeitung lesen, kennen sie hingegen nicht unbedingt. So weiß zwar jeder Außenstehende, dass die Prognostiker Daten der Vergangenheit zu Hilfe nehmen, um die Zukunft vorherzusagen. Was er aber nicht weiß, ist, wie kurz diese Daten in der Regel zurückreichen. Nämlich viel zu wenige Jahre, um tiefe Rezessionen vorherzusehen. Es gibt ein *Problem des kurzen Zeithorizonts*, das sich besonders in dieser Krise bemerkbar gemacht hat. Die Prognostiker des Ifo Instituts verwenden nach Angaben ihres Konjunkturchefs Kai Carstensen beispielsweise in vielen Modellen nur Daten, die bis 1991 zurückgehen. Das ist besonders praktisch, denn zuvor war Deutschland geteilt und die wirtschaftlichen Bedingungen in Ost und West waren sehr unterschiedlich. In diesem Datensatz sind jedoch gerade einmal drei frühere Rezessionen enthalten, zwei von ihnen relativ leicht. Für eine Reihe weiterer Modelle berücksichtigen die Forscher Daten ab dem Jahr 1970, die dann immerhin schon fünf Rezessionen enthalten, auch die des Jahres 1975, das den bislang größten Produktionseinbruch nach dem Zweiten Weltkrieg markierte. Weiter zurück geht allerdings kaum ein Prognostiker in Deutschland. Das ist bedauerlich, denn die letzte ganz große Wirtschaftskrise erlebte Deutschland in den dreißiger Jahren. Bis zu dieser Zeit, die so gerne für die heutigen Probleme als Vergleich herangezogen wird, reicht kein Modell zurück.

Wieso verzichten die Forscher auf so viele interessante Informationen? Die Schwierigkeit mit den älteren Daten ist, dass sie nicht gut vergleichbar sind. So muss man vor 1990 die Teilung Deutschlands berücksichtigen. Die bei den Forschern so beliebten Vierteljahresdaten zur Konjunktur gibt es erst seit 1970. Für frühere Zeiten liegen beim Statistischen Bundesamt nur Jahresdaten ab dem Jahr 1950 vor, die allerdings wegen anderer Erfassungsmethoden schlecht vergleichbar sind. Für die Zeit davor gibt es gar keine genauen offiziellen Zahlen, manchmal Schätzungen. Für ihre Modelle und ihre prozentpunktgenauen Vorhersagen aber benötigen die Forscher möglichst exakte Daten. In ihrem Exaktheitswahn verzichten sie lieber auf Informationen aus der Vergangenheit, statt womöglich Daten zweiter Klasse mit einzubeziehen. Darüber hinaus bemühten sie bisher oft das Argument, dass die Struktur der Wirtschaft in früheren Zeiten mit der heutigen nicht vergleichbar sei. Heute zeigt sich, dass es offenbar größere Ähnlichkeiten gibt als bisher vermutet.

Noch etwas war in Zeiten einer Finanzkrise fatal. Die Modelle, mit denen Ökonomen die Zukunft vorhersehen wollen, sind unvollständig. So beinhalten zum Beispiel die beliebten DSGE-Modelle (Dynamic Stochastic General Equilibrium Models) in der Regel *keine Banken und keine Finanzmärkte*. Die Forscher gehen vielmehr davon aus, dass sich das Geld effizient dorthin verteilt, wo es am meisten Ertrag bringt, und die Marktteilnehmer jederzeit solvent sind. Deshalb meinen sie, das Finanzsystem vernachlässigen zu können. Das gilt auch für viele andere Modelle, in denen Geld nur eine Recheneinheit darstellt. Dass Geld jedoch sehr viel mehr sein kann und für Krisen oft von zentraler Bedeutung ist, wird ignoriert, um mit einem weniger komplexen Modell zu arbeiten. Das ist ein typisches Vorgehen von Ökonomen: Sie müssen die Komplexität der Welt reduzieren, sonst lässt sie sich nicht mehr in Modellen abbilden und vorhersagen. Was aber passiert, wenn sie die falschen Informationen herauslassen, haben wir in den vergangenen Monaten gesehen.

Eine Bankenkrise lässt sich mit Modellen ohne Finanzmarkt natürlich schwerlich erfassen. Erst recht nicht die Auswirkungen einer solchen Krise auf die übrige Wirtschaft. In viele Prognosemodelle kann man zum Beispiel teurer gewordene Kredite nur per Annahme von außen einbauen. Das tut man, indem man etwa annimmt, dass Unternehmen für ihre Finanzierung bestimmte Aufschläge zahlen müssen. So macht es die Gemeinschaftsdiagnose im April 2009. Man kann jedoch nicht innerhalb des Modells beobachten, wie viel teurer die Kredite als Folge der Krise werden und welche wirtschaftlichen Folgen dies nach sich zieht. Man kann nicht beobachten, wie Banken und Industrie miteinander agieren.

Ebenfalls nicht zu beobachten ist in den meisten Modellen der Auslöser der Krise: Es gibt dort *keine Blasen*. Ein Spekulationsboom auf dem amerikanischen Häusermarkt und mit strukturierten Wertpapieren, die auf Hypotheken beruhten, ist mit ihnen deshalb nicht vorhersehbar. Solche Phänomene sind zwar in der Wissenschaft bekannt, es liegen viele theoretische und empirische Arbeiten dazu vor, wie sich Spekulationsblasen entwickeln, wann und wie sie platzen und was das für die gesamte Wirtschaft bedeuten kann. Es gibt zudem Versuche, Methoden zu entwickeln, um Blasen zu diagnostizieren. Solche Blasen sind aber nicht Teil der Konjunkturprognose, und eine Diskussion, ob eine solche vorliegt, findet höchstens ergänzend zur Prognose statt. Die Psychologie der Finanzmärkte, der lang beschriebene Zyklus aus Gier und Angst, ist in den Modellen der Prognostiker ausgeblendet. Geschehnisse, die die größten Wirtschaftszusammenbrüche der Geschichte ausgelöst haben, sind für die Prognostiker exogen. Das liegt auch daran, dass es extrem schwierig ist, Blasen festzustellen. Denn sie zeichnen sich dadurch aus, dass viele Menschen falsche Erwartungen haben; das muss man erst einmal nachweisen. Deshalb werden Blasen in der Regel in Konjunkturprognosen erst dann berücksichtigt, wenn offensichtlich ist, dass sie geplatzt sind. Das ist wichtig zu wissen, um das Versagen der Prognostiker zu begreifen.

Es ist nicht das erste Mal, dass Forscher Brüche in der Konjunktur nicht erkennen. Anspruch und Wirklichkeit klaffen hier schon lange weit auseinander. So hat zum Beispiel das Rheinisch-Westfälische Institut für Wirtschaftsforschung die Vorhersagen seines Konjunkturmodells zum Bruttosozialprodukt einmal genau untersuchen lassen und festgestellt, dass zwar die Rezession 1982 frühzeitig erkannt wurde, nicht aber das stark anziehende Wachstum Ende der achtziger Jahre und das Abflauen der Konjunktur 1992. Für die Vorhersagen der Gemeinschaftsdiagnose gilt Ähnliches. Sie lag insbesondere nach dem Aktienboom der 2000er Jahre, wie viele andere, völlig falsch und erkannte den Wendepunkt nicht. Im Frühjahr 2001 prognostizierte sie noch 2,1 Prozent Wachstum für 2001 und 2,2 Prozent für 2002, heraus kamen gerade einmal 1,2 und 0 Prozent. Auch den Aufschwung im Jahr 2006 unterschätzte sie lange in seiner Stärke. Der Prognostiker an sich, das hat die Forschung ergeben, verfehlt ebenso oft die Richtung der Entwicklung (wächst unsere Wirtschaft mehr oder weniger als zuvor?), wie er sie über- und unterschätzt. Krisen und Rezessionen prognostiziert er besonders ungern, sondern tendiert offenbar dazu, eher das vorherzusagen, was er für wünschenswert hält.

Die Institute und der Sachverständigenrat müssen sich ernsthaft fragen, ob das ausreicht – taugen ihre Methoden offensichtlich kaum, um Umschwünge zu erkennen. Sie schreiben zuallererst die Vergangenheit fort und sind deshalb als kurzfristige Vorhersagen, etwa für die nächsten drei Monate, durchaus geeignet. Für darüber hinausgehende Entwicklungen versagen sie oft kläglich, weil sie veränderte Erwartungen von Menschen nicht gut erfassen können. So nutzen Forscher Daten über die heutige Auftragslage der Industrie, um damit die Produktion von morgen vorherzusehen. Sie nutzen auch Stimmungsumfragen unter Unternehmen und Konsumenten, um etwas über künftige Investitionen oder Konsum zu lernen. Doch Aufträge können storniert werden, Stimmungen können umschwenken. Wenn Erwartungen sich plötzlich ändern, dann verhalten sich die Menschen anders und ihre wirtschaftliche Zukunft verändert sich dadurch ebenfalls. Solche Umschwünge erfassen die Modelle nicht, solange sie die meisten Schocks nicht erfassen. Das können verschiedenste Auslöser sein, von wirtschaftsfremden Schocks wie Politikeingriffen, Kriegen, Wirbelstürmen bis hin zu solchen, die von der Wirtschaft selbst ausgehen, wie Börsencrashs, Bankenpleiten, plötzlich sinkenden Hauspreisen. Prognostiker halten solche Ereignisse meist für nicht prognostizierbar.

In gewissem Maße ist dies sogar verständlich, handelt es sich dabei doch um sehr komplexe psychologische Phänomene. Jedoch gelingt es den Forschern nicht einmal besonders gut, die Folgen solcher Schocks abzuschätzen, wenn sie einmal da sind. Das merkte man zum Beispiel nach der Lehman-Pleite im September 2008, die nach Ansicht vieler Ökonomen der Auslöser für die meisten folgenden Entwicklungen in der Wirtschaft war. Trotzdem waren die Prognosen für das Jahr 2009 noch im November 2008 – direkt nach der Pleite – deutlich rosiger als im Sommer 2009.

Die Prognostiker selbst haben für ihre schlechte Einschätzung der Folgen solcher Schocks natürlich eine Ausrede parat: *schlechte Daten*. Teilweise zu Recht: Seit jeher sind sie auf Daten angewiesen, die ihnen von außen zugeliefert werden, zum Beispiel vom Statistischen Bundesamt. Diese Daten kommen nicht nur mit einer ziemlichen Zeitverzögerung; sie sind auch häufig noch nicht ganz korrekt, wenn sie erstmals eintreffen. So hat das Statistische Bundesamt seine Zahlen zum Wachstum des Bruttoinlandsprodukts zwischen erster Bekanntgabe und endgültiger Zahl in den Jahren 1999 bis 2003 durchschnittlich um rund 0,5 Prozentpunkte verändert. Allerdings können diese Datenfehler die Prognosefehler keinesfalls vollkommen erklären. Die Prognostiker liegen nämlich im Schnitt um einen Prozentpunkt daneben, wenn sie im Herbst eines Jahres das Wachstum des nächsten Jahres schätzen. Das ist nicht nur in Deutschland so: Auch in den anderen Industriestaaten ist der Fehler von einem Prozentpunkt relativ konstant.

Zu bestimmen, woher genau diese Ungenauigkeiten stammen, ist auch noch aus Gründen schwierig, die der Außenstehende nun wirklich nicht erwarten würde. Er glaubt, der Wirtschaftsforscher arbeite nun mal mit Daten, die er in komplizierte Modelle einbringe, und fertig sei die Prognose. Doch das ist leider falsch. Die eigene Einschätzung des Prognostikers und seine *persönlichen Erwartungen* über die Zukunft spielen eine große Rolle. Er kann die Ergebnisse nämlich modifizieren oder manipulieren, wenn er Anlass dafür sieht. Das tut er auch. Denn der Prognostiker gibt sich zwar meist nüchtern und streng wissenschaftlich, doch im Innern ist er eher Künstler denn Wissenschaftler. Er braucht, wie der Violinist, ein gutes Instrument (seine Modelle), muss technisch versiert sein (Ökonometrie, Statistik), aber auch gut interpretieren, manchmal auch ein wenig improvisieren können (»Anpassung« der Prognosen). Wie bei der Interpretation des Musikstücks steckt hinter der Manipulation der Prognose der Wunsch, die Ergebnisse zu verbessern. Das gelingt allerdings nicht immer. Mitunter kommen dabei reichlich schiefe Töne heraus und dem Publikum schmerzen die Ohren.

Prognosen sind leicht manipulierbar. Mancher Wirtschaftsprophet verwendet beispielsweise mehrere Modelle, die in aller Regel unterschiedliche Vorhersagen liefern. Fast immer sagt eines schlechte Zeiten vorher, ein anderes gute. Der Forscher muss dann entscheiden, welchen Modellen er am meisten vertraut, und dabei wird er natürlich von seiner eigenen Einschätzung der Lage beeinflusst. Zudem kann er die Ergebnisse häufig auch manipulieren, indem er Annahmen verändert oder neue Faktoren und Informationen einfügt, die in dem Modell ursprünglich nicht vorgesehen waren. Dabei orientiert sich der Forscher – ob nun gewollt oder unbewusst – auch an seiner eigenen Überzeugung davon, was die Zukunft bringt. Zumindest legen das die Ergebnisse der Prognosen nahe. Prognosen sind nämlich häufig besonders gut dazu geeignet, die aktuelle Stimmung wiederzugeben. Ist die allgemeine Stimmung düster, sind es auch die Prognosen. Hellt sie sich auf, werden auch die Vorhersagen positiver. Auch das war in dieser Krise deutlich zu beobachten.

Selbstkritische Ökonometriker scherzen deshalb gerne, Prognostiker würden besonders gut die Gegenwart vorhersagen. Einige fordern, dass man für solche Modifikationen der Prognose wenigstens standardisierte Verfahren entwickeln solle. Die meisten sprechen lieber gar nicht über die Manipulierbarkeit ihrer Ergebnisse. Denn sie würden damit ihren Ruf als daten- und faktenorientierte Wissenschaftler aufs Spiel setzen.

Hinzu kommt ein weiterer psychologischer Faktor, den man von den Finanzmärkten kennt: *Herdenverhalten*. Die Wirtschaftsprognosen in Deutschland und in aller Welt zeigen eine interessante systematische Auffälligkeit: Sie liegen häufig deutlich näher beieinander als an der Zukunft. Da die Prognostiker aber nicht alle identische Methoden benutzen, liegt der Schluss nahe, dass sie sich gegenseitig beeinflussen. Diese

Ähnlichkeiten konnte man zuletzt wieder beobachten, als die Institute und der Sachverständigenrat die Wachstumsaussichten peu à peu nach unten korrigierten. Offenbar traut sich kaum ein Forscher, im Alleingang die Rezession zu sehen. Er benötigt dazu einen wissenschaftlichen Konsens. Das geschieht wahrscheinlich nicht bewusst, sondern ist das Ergebnis von Informationen und Kontakten, da Konjunkturforscher ihre Konkurrenten und Kollegen natürlich sehr genau beobachten. Auch die Gemeinschaftsdiagnose, in der viele Institute zusammenkommen, trägt vermutlich dazu bei. Um sie zu erstellen, setzen sich die Konjunkturforscher regelmäßig zusammen und sprechen über ihre Methoden und Ergebnisse. Es liegt nahe, dass ihre Überzeugungen sich dadurch annähern. Schließlich ist die Zukunftsforschung eine Wissenschaft, die mit sehr hoher Unsicherheit behaftet ist.

Diese Herdenverhalten bietet übrigens noch einen anderen Vorteil: Wenn die Forscher falsch liegen, liegen sie alle falsch. Dann können Kritiker sie zwar anklagen, die Prognostiker aber sind fein raus. Sie antworten: »Gut, wir haben Fehler gemacht, aber die haben ja alle anderen auch gemacht!« Gleich darauf folgt der Satz von »Krisen, die einfach nicht prognostizierbar sind«. Es ist schlichtweg dumm für einen professionellen Propheten, sich allzu weit von der Meinung seiner Kollegen zu entfernen. Zunächst einmal wird ihm das den zweifelnden Blick seiner Kollegen einbringen und vielleicht sogar die Weigerung der Öffentlichkeit, über diese seltsame Prognose zu berichten. Wichtiger ist aber, was am Schluss passiert. Liegt der Forscher nämlich doch richtig, so werden das nur wenige zur Kenntnis nehmen. Denn mit alten Prognosen ist es so wie mit der Zeitung von gestern: Sie sind schnell vergessen, wenn keiner daran erinnert. Liegt der abweichende Prognostiker aber besonders falsch, dann werden die Konkurrenten keine Chance auslassen, das im Nachhinein bekanntzumachen, dann wird mit Sicherheit Häme über ihn ausgegossen und er riskiert, nicht mehr ernst genommen zu werden.

Die optimale Strategie für einen Prognostiker müsste demnach sein, sich nah an der allgemeinen Meinung zu orientieren und dabei moderat in die richtige Richtung abzuweichen. Sagt die Mehrheit etwa, die Wirtschaft wachse um 1 Prozent, so entscheidet sich unser Prognostiker vielleicht für 1,2 Prozent, wenn er an eine bessere Entwicklung glaubt. So limitiert er die Häme, falls die Entwicklung doch eher auf 0,5 Prozent zugeht. Bewegt sich die Konjunktur aber weiter nach oben, zum Beispiel auf 2 Prozent Wachstum, so war unser Mann zumindest der, der am nächsten dran war. Das ist natürlich nur ein Gedankenexperiment; ein solches Vorgehen wäre sehr unwissenschaftlich. Doch wird sich jeder, der diesen Beruf ausübt, im Klaren darüber sein, dass er riskiert, zum Außenseiter zu werden, wenn er sehr weit von der Mehrheitsmeinung abweicht. Das beeinflusst ihn – ob er will oder nicht.

Dazu kommt die häufig geäußerte Angst vor *sich selbst erfüllenden Prophezeiungen*. So gibt es in jedem Abschwung die Sorge, dass man, wenn man zu viel über ihn spricht oder zu radikale Horrorszenarien entwirft, die Rezession herbeiredet. Diese Sorge wird besonders häufig von der Regierung geäußert. So ist zu erklären, dass Finanzminister Peer Steinbrück immer wieder über Negativprognosen schimpfte. So ist auch zu erklären, dass die Regierung oft als Letzte auf die Spur der Konjunkturpessimisten einlenkt. Die Forscher sind zwar unabhängig und sollten solche Aussagen ignorieren, doch letztlich glauben viele Prognostiker selbst an ihre Macht über die Erwartungen der Menschen – und sind im Abschwung sehr vorsichtig. Vermutlich überschätzen sie sich selbst. Beweise für einen solch starken Einfluss von Prognosen gibt es nämlich kaum, was andererseits natürlich auch schwierig zu beweisen ist, weil es so wenige treffende Rezessionsvorhersagen gab.

Es ist offensichtlich: Die Prognostiker betreiben eine Wissenschaft, die herzlich ungenau und zum Teil sogar unnütz ist. Mit ihren bisherigen Methoden ist es von ihnen schlicht nicht zu erwarten, dass sie treffend Rezessionen vorhersagen. Sie selbst sind zum Teil durchaus resigniert. Trotz vieler Ideen und kluger Leute ist es ihnen nicht gelungen, die Prognosen in den vergangenen fünfzig Jahren nennenswert besser zu machen. Es scheint, als seien die professionellen Propheten in einer Sackgasse angelangt, aus der sie selbst nicht mehr herauskommen. Die aktuellen Fehlprognosen sind dafür nur der sichtbarste Beweis. Das Problem muss zurück an die großen Denker der Volkswirtschaftslehre überwiesen werden.

## Gefahren übersehen – die Fehler der anderen Ökonomen

Um das Verhältnis von Ökonomen zu Krisen zu verstehen, muss man ihre Lehrbücher für das Grundstudium durchblättern. Dort findet sich das, was sie für die grundlegenden Themen ihrer Wissenschaft halten; das, was ihrer Meinung nach jeder wissen sollte. In den meisten bekannteren Lehrbüchern sind die Zyklen der Konjunktur – die Abfolge von Aufschwung, Boom, Abschwung und Rezession – nur Randthema. Das Wort *Blase* findet sich in kaum einem Stichwortverzeichnis. Auch die Wörter *Krise* und sogar *Konjunktur* tauchen in den Büchern nur selten auf. Meist wird das Phänomen, dass die Wirtschaft mal rauf- und mal runtergeht, kurz beschrieben, aber nicht erklärt. Die wiederkehrenden Eigenschaften von Krisen und die Gemeinsamkeiten ihrer Auslöser sind selten Thema. Eine Theorie, wie diese offensichtlich vorhandenen Zyklen entstehen, wird fast immer vollkommen vermieden. Das ist erstaunlich, ist doch eine der wenigen ökonomischen Fragen, die beinahe jeder sich einmal stellt: Wieso wächst die Wirtschaft in manchen Jahren und schrumpft in anderen? Auch folgende Fragen gehören zu den wichtigsten für den Bestand unseres Wirtschaftssystem: Kann es immer wieder zu großen Zusammenbrüchen der Wirtschaft kommen? Und wie kann man solche Krisen erkennen oder verhindern?

Einst war eine irgendwie geartete Konjunktur- und Krisentheorie ein wichtiger Bestandteil ökonomischer Lehre. Heutzutage ist das Thema zumindest im Grundstudium beinahe völlig verdrängt. Doch ist es keinesfalls so, dass Ökonomen sich damit nicht beschäftigen. Der Grund liegt eher darin, dass sie sich bis heute nicht einig darüber sind, wie solche Zyklen entstehen und wer sie auslöst. Die Studenten lernen natürlich trotzdem etwas über schlechte Zeiten, jedoch werden deren Ursachen oft nicht näher besprochen, sondern als exogene Schocks behandelt, die ab und zu vorkommen wie ein Erdbeben, deren Hintergründe aber keine große Rolle spielen.

Die Lehrbücher geben natürlich nur einen kleinen Teil dessen wieder, was die Ökonomie vermag. Doch sie sagen viel darüber aus, was die Ökonomen selbst in ihrer Wissenschaft für relevant halten. Krisen zu identifizieren und zu erklären scheint schon länger nicht mehr richtig dazuzugehören. Kein Wunder, dass sich die Konjunkturforscher über den Mangel an Ideen aus der Wissenschaft beklagen, um Konjunkturumschwünge besser vorherzusehen. Kein Wunder, dass Studenten bemängeln, ihre Makro-Vorlesungen hätten mit der Realität nur noch wenig zu tun. Der Präsident des Kieler Instituts für Weltwirtschaft, Dennis Snower, fasst die Misere folgendermaßen zusammen: »Sehr wenig von dem, was wir unsere Studenten lehren, ist in irgendeiner Weise relevant für die Krise. Auch in der Fachliteratur muss man es suchen. Das hat Aussagekraft.«

Angesichts der größten Wirtschaftskrise seit dem Zweiten Weltkrieg kann das nicht so bleiben. Die Lehrbücher und Lehrpläne werden die eine oder andere Revision erfahren. Doch damit ist es nicht getan. Denn die Ökonomen sehen sich noch mit viel weiter gehenden Vorwürfen konfrontiert als dem, ihre Studenten nicht gut vorbereitet zu haben. Auch sie selbst wurden von der Krise überrascht, kaum einer von ihnen hat sie gesehen, ihre Gefahren erkannt. Die Erklärungen, die sie selbst dafür geben, wirken manchmal fast schon hilflos. Etwa, als die britische Königin Ende 2008 die renommierte London School of Economics besuchte und dort den Professor für Ökonomie und Strategie, Luis Garicano, fragte, wieso denn keiner die Kreditkrise habe kommen sehen. Der junge Professor antwortete: »Zu jeder Zeit verließ sich jemand auf jemand anderen, und jeder dachte, sie machten genau das Richtige.« Das ist sicherlich nicht falsch, aber auch nicht besonders erhellend. Die Frage, wieso die Ökonomen versagt haben, verdient eine gründlichere Antwort.

Um sie zu finden, muss man zunächst nach der Verantwortung fragen. Welche Art von Ökonom hätte sich am ehesten mit den Auslösern der Krise beschäftigen müssen? Mit anderen Worten: Wer waren die Blinden unter den Einäugigen? Natürlich kann man keinen Ökonomen aus der Verantwortung entlassen, die Augen offen zu halten. Doch es lassen sich drei Gruppen identifizieren, die eigentlich etwas mehr von der Krise hätten vorhersehen müssen als der Durchschnittsvolkswirt. Das sind erstens diejenigen, die sich mit der ganzen Volkswirtschaft befassen; die also beobachten, wie ein Land sich über die Zeit entwickelt; die das langfristige Wachstum ebenso analysieren wie Boom-Phasen, Schocks und Krisen sowie die Reaktion der Politik darauf. In der Volkswirtschaftslehre nennt man diese Gruppe die Makroökonomen. Zur zweiten Gruppe gehören Ökonomen, die sich auf das Feld konzentriert haben, über das sich diese ursprünglich geografisch begrenzte Krise so weit ausbreiten konnte: die Finanzmärkte. Die dritte Gruppe gehört nicht zwangsweise wegen ihrer Kenntnisse, sondern wegen ihrer Macht dazu: die Star-Ökonomen und die bekannten Politikberater. Da die Politik und die Medien dieser Spezies zuhören, ist sie ganz besonders gefordert, frühzeitig zu warnen. Dazu kommt, dass die Ökonomen dieser Sorte meist höchstselbst den Anschein erwecken, die gesamte Volkswirtschaft bestmöglich zu überblicken, und deshalb doch erkennen sollten, wenn große Gefahr droht.

Auffällig ist, dass es, um die Krise zu erkennen, offenbar nicht hilfreich war, Star-Ökonom zu sein (sonst hätten wir früher von ihr gehört). Im Gegenteil. Die wenigen Warner der Krise waren meist akademische Außenseiter, die gerade wegen dieser Stellung nicht viel Aufsehen mit ihren schlechten Vorhersagen erregten. Es erhöhte allerdings die Treffsicherheit durchaus, wenn man sich gut mit Finanzmärkten auskannte. Zu den wenigen, die seit Jahren warnten, die schlechte Bankenregulierung könnte wieder zu einer großen Krise führen, gehört etwa ein ziemlich unbekannter Professor aus Großbritannien namens Richard Dale. Der mittlerweile emeritierte Finanzmarktökonom von der Universität Southampton, ein Spezialist für Bankenregulierung, hat sich früh für Krisen auf Finanzmärkten interessiert. In Deutschland zählt dazu Max Otte, studierter Ökonom und Betriebswirtschaftsprofessor an der mäßig bekannten Fachhochschule Worms. Ottes akademischer Schwerpunkt ist – man ahnt es – Finanzierung; zudem ist er seit Jahren nebenberuflich als Aktienanalyst tätig. Auch die vereinzelten Warner aus dem weiten Feld der Makroökonomie zeichnen sich dadurch aus, dass sie sich gerne mit Finanzmärkten beschäftigen. Das gilt zum Beispiel für die beiden bekannten amerikanischen Krisen-Propheten Robert Shiller und Nouriel Roubini.

Das lässt – auf den ersten Blick – eine einfache Erklärung für das Versagen der Ökonomen zu, zumindest in Deutschland. Wir haben einfach *zu wenig Ökonomen, die etwas von Finanzmärkten verstehen*. Da entwickelte sich eine globale Finanzindustrie mit ganz neuen Verflechtungen und Folgen für die Weltwirtschaft – und kaum ein deutscher Ökonom schaute hin. In Amerika und Großbritannien ist das Fach *finance* weit verbreitet. Die Zahl der Volkswirte, die sich in Deutschland mit Fragen der »Finanzierung«, wie man das Fach hierzulande nennt, beschäftigt, ist hingegen sehr begrenzt. Es wird in der Regel eher von Betriebswirten behandelt, die einen anderen Fokus haben. Ihnen geht es vorrangig um die besten Investitions- und Finanzierungsstrategien für Banken, Anleger und Unternehmen. Das Fach *financial economics*, also Finanzierung mit volkswirtschaftlichem Fokus, wie es die angloamerikanische Welt kennt, ist in Deutschland (noch) nicht besonders verbreitet.

An dem Argument ist etwas dran, allerdings nicht so viel, wie es auf den ersten Blick scheint. Denn bei den genannten Crash-Propheten handelt es sich um seltene Ausnahmefälle. Sie waren vereinzelte Warner in einer Schar von Finanzmarktökonomen, die gar nichts gesehen haben. In Amerika und Großbritannien, wo die Beschäftigung mit den Finanzmärkten weiter verbreitet ist, kam es auch nicht viel häufiger zu Warnungen als bei uns; zahlreich waren sie nirgends. Der Finanzmarktökonom Richard Dale weiß deshalb über seine Zunft vor allem Negatives zu berichten. Er schreibt Ende 2008:

> Was wir in den vergangenen Monaten gesehen haben, ist nicht nur der Zusammenbruch des Finanzsystems, sondern auch die Diskreditierung einer akademischen Disziplin. Es gibt rund 4000 Universitätsprofessoren im Fach Finanzierung weltweit, Tausende von Forschungsarbeiten zum Thema werden Jahr für Jahr veröffentlicht, und doch gab es nur wenige, wenn überhaupt irgendwelche Warnungen aus der akademischen Gemeinschaft vor dem Brandstiftungspotenzial der globalen Finanzmärkte.

Für Richard Dale ist die Finanzkrise gleichzeitig eine akademische Krise, *gerade* für seine Disziplin. Er fragt sogar: »Ist es zu hart, daraus zu schließen, dass (...) unser Verständnis der Finanzmärkte heute nicht größer ist als 1929/33 oder sogar 1720?«

Die Verdächtigen bleiben also die Finanzmarktökonomen, die Makroökonomen und die Star-Ökonomen. Was waren ihre Fehler? Die Diskussion hat gerade erst begonnen. Argumente, Vorwürfe und Gegenvorwürfe gehen dabei dermaßen durcheinander, dass einem schwindlig werden kann. Eins aber ist ganz klar zu diagnostizieren: Die Ökonomen in aller Welt haben sich bis vor kurzem in falscher Sicherheit gewiegt. Es gab zwar immer wieder einmal Einzelne, die sich sorgten, dass irgendwann eine bedeutende Krise kommen und das Banksystem an den Rand des Kollapses bringen könnte, doch die meisten machten sich wenig Gedanken darum. Die entwickelten Marktwirtschaften hatten doch gute Mechanismen gefunden, Schocks frühzeitig abzufangen und damit große Krisen zu verhindern. Dachte man zumindest. Dieser Überoptimismus zeigte sich am deutlichsten in der Rede des Nobelpreisträgers Robert Lucas vor seinen Kollegen der *American Economic Association*, in der er behauptete, das Problem der Depressionsvermeidung sei ein für allemal gelöst.

Das klingt seltsam vertraut, hatten doch große deutsche Ökonomen der fünfziger und sechziger Jahre schon einmal ähnliche Behauptungen aufgestellt. Der ehemalige Wirtschaftsweise Herbert Giersch glaubte etwa damals, dass die Politik in der Lage sei, »einen Konjunkturrückschlag aufzufangen und eine Depression zu verhüten«. Der einstige Direktor des Kieler Instituts für Weltwirtschaft, Fritz Baade, meinte gar: »Die Vorstellung eines unentrinnbaren Konjunkturzyklus trifft für die moderne Wirtschaft, die über die Instrumente der aktiven Konjunkturpolitik verfügt, nicht mehr zu.« Wie falsch das war, haben die siebziger Jahre bewiesen. Dass der Makroökonom trotzdem wieder zum Selbstbetrug neigt, zeigt sich jetzt. Wir waren in dieser Krise näher an einer neuerlichen Depression als jemals befürchtet.

Nicht nur im Großen, in der Makroökonomie, sondern auch im Kleinen, in der Finanzmarktökonomie, war man in den vergangenen Jahren voller Hoffnung. So glaubten viele Forscher in den neunziger Jahren fest daran, dass die Stabilität des Finanzsystems in den etablierten Industrieländern sehr schwer zu erschüttern sei und die Kapitalstruktur der einzelnen Banken dabei kaum eine Rolle spiele. Es gab zwar einzelne Ökonomen, die immer wieder forderten, man solle das systemische Risiko nicht aus den Augen verlieren. Doch der Mainstream tendierte dazu, eher die Risiken der einzelnen Banken zu betrachten und das Risiko für das gesamte Bankensystem, das aus plötzlichem Misstrauen der Banken untereinander entstehen kann, nicht besonders ernst zu nehmen. Das hatte einen handfesten Grund: Die Wissenschaftler waren überzeugt, die Notenbank verfüge im Notfall über die richtigen Mittel dagegen. Sie könne viel Geld auf den Markt werfen und so die Ansteckung von Bank zu Bank und damit die große Krise verhindern. Dass die Finanzmarktökonomen ebenso wie die Makroökonomen die Kraft der Notenbank überschätzt haben, zeigt sich zurzeit. Weit mehr als viel billiges Geld war notwendig, um eine Krise der Dimension von 1929 zu verhindern. Auch der Staat selbst musste einspringen und sich hoch verschulden, um den Banken Geld zur Verfügung zu stellen und sie teilweise sogar zu verstaatlichen.

Der Überoptimismus hatte mehrere Gründe. Zum einen war der *Zeithorizont vieler Forscher zu kurz.* Wer vergangene Krisen analysierte und dabei nur wenige Jahrzehnte zurückging, der konnte tatsächlich leicht dem Irrglauben verfallen, das Problem der Depressionsvermeidung sei gelöst. Denn Krisen waren nach dem Zweiten Weltkrieg in den Industriestaaten weniger geworden und hatten vor allem in ihrer Heftigkeit abgenommen. Sie blieben häufig auf einen oder mehrere Finanzmärkte begrenzt, etwa auf die Börse, und erfassten nicht mehr zwangsläufig die gesamte Wirtschaft. Seit dem Zweiten Weltkrieg kannte die Weltwirtschaft nur eine Richtung: aufwärts. Die Industriestaaten haben in dieser Zeit zwar die eine oder andere recht schmerzhafte Rezession erlebt, doch das war es auch schon. Die Rezessionen gingen in der Regel schnell wieder vorüber (abgesehen von Japans Siechtum in den neunziger Jahren). Große Krisen mit katastrophalen Auswirkungen für die gesamte Wirtschaft gab es vor allem in Schwellenländern wie Thailand und Indonesien oder in südamerikanischen Staaten, die es nicht schafften, den Kapitalismus in geordnete Bahnen zu lenken.

Die meisten Ökonomen ließen sich von den vergangenen vergleichsweise ruhigen Jahrzehnten regelrecht einlullen und glaubten, dass es ewig so weiterginge. Der Forscher ist eben auch nur ein Mensch. Und der Mensch neigt dazu, die Zukunft vor allem aus der näheren Vergangenheit abzuleiten, also in recht kurzen Zeitspannen zu denken, und die Zeit, die er selbst miterlebt hat, überzubewerten. Hätten mehr Ökonomen sich mit der weiter zurückreichenden Geschichte von Krisen befasst, dann hätten sie vielleicht die erstaunlichen Parallelen zu vergangenen Krisen nicht so leicht übersehen, dann wären sie vielleicht hellhörig geworden. Hätten sie sich zudem auch noch mit der Geschichte ökonomischer Ideen befasst, dann hätten sie vielleicht erkannt, dass viele Ökonomen früher einmal Bedenkenswertes dazu gesagt haben, wie Krisen sich entwickeln – auch wenn sie als nicht mehr auf der Höhe der Zeit gelten und aus dem Lehrplan gestrichen sind.

Natürlich sind nicht alle Forscher kurzsichtig. Es gab es auch einige, die weiter zurückblickten, die die Krisengeschichte bis ins 18. Jahrhundert im Detail kannten. Doch es lassen sich ja so viele Gründe (er-)finden, wieso frühere Zeiten heute nicht mehr gelten: völlig andere Wirtschaftsstruktur damals, viel weniger effiziente Finanzmärkte, deutlich geringere internationale Verflechtungen und so weiter. Eine der liebsten Erklärungen der Wissenschaftler, wieso Altes heute nicht mehr gilt, war aber der eigene Fortschritt: Nur allzu gerne glaubten sie, eben die richtigen Mittel für die Politik erdacht zu haben, um große Krisen zu verhindern. Die jüngere Geschichte schien ihnen Recht zu geben. Welch eine Fehlinterpretation!

Der Optimismus unter Forschern entstand nicht nur aus Problemen mit der Empirie, sondern auch mit der Theorie. Es ist interessant, sich zu diesem Thema mit dem Yale-Professor Robert Shiller zu unterhalten. Er ist einer der ganz wenigen Makroökonomen, die die Krise sehr genau haben kommen sehen. Auf die Frage nach den Fehlern seiner Kollegen in den vergangenen Jahren hatte er im Telefongespräch im Sommer 2009 eine klare Antwort:

> Die meisten Makroökonomen und akademischen Finanzmarktexperten, aber auch die meisten praktischen Finanzmarktexperten haben geglaubt, dass Märkte perfekt sind, dass es keine Blasen gibt. Sie haben gesagt, dass wir Marktpreise respektieren müssen als die kollektive Weisheit von Millionen Menschen, die jegliches individuelle Wissen übertrifft. Es wäre lächerlich, den Markt infrage zu stellen – das war ihre Sicht der Dinge. Ich nenne das einen der größten Fehler in der Geschichte des ökonomischen Denkens.

Es ist offensichtlich: Die Ökonomen haben es mit ihrem *Glauben an perfekte Märkte* in den vergangenen Jahren übertrieben, insbesondere wenn es um Finanzmärkte ging. Natürlich, es gab weiterhin auch Diskussionen über Marktversagen, doch in einer Sache hielt man Märkte für unschlagbar: in der Zusammenführung von Angebot und Nachfrage und dadurch im Finden des richtigen Preises. Marktpreise galten gerade auf Finanzmärkten als nahezu unfehlbar, denn diese Finanzmärkte schienen dem Ideal des Marktes, das die Ökonomen vor Augen hatten, sehr nahe zu kommen. Neue Informationen breiteten sich hier in Sekundenschnelle aus und fanden sofort Niederschlag im Preis, etwa auf den Aktienkurs nach einer Gewinnwarnung. Es gab häufig sehr viele Anbieter und Nachfrager, die miteinander handelten, obgleich sie über die ganze Welt verteilt waren. Der Preis, der sich bildete, spiegelte also auf geradezu ideale Weise den zu diesem Zeitpunkt empfundenen Wert einer Aktie wider. So weit die Annahme.

Sehr viel Einfluss hatte die aus diesen Überlegungen folgende *Theorie effizienter Märkte*. Sie ist noch heute die dominierende Theorie der Finanzpreisbildung – trotz aller Einwände seitens der Praktiker und trotz empirischer Gegenbefunde. Sie besagt kurz gefasst, dass die Preise spekulativer Güter wie Aktien immer die besten Informationen über den fundamentalen Wert dieser Güter widerspiegeln. Diese Preise ändern sich nur, wenn sich die Informationen, die harten Fakten, ändern, nicht etwa, wenn die Stimmung schwankt oder plötzlich Angst an den Märkten aufkommt. Das führt zu zwei Glaubenssätzen der Anhänger der Theorie effizienter Märkte: Erstens, niemand kann den (Finanz-)Markt aus kluger Überlegung heraus schlagen, denn alle Informationen sind dort immer schon in den Preisen vorhanden. Zweitens, es existieren keine irrationalen Übertreibungen auf den Märkten und also keine Blasen, es gibt bloß immer wieder neue Informationen, die wiederum die Preise verändern.

Insbesondere mit der zweiten Überzeugung ist es natürlich schwierig, extreme Formen von Spekulation und kollektive Manien zu erkennen und vor daraus entstehenden Krisen zu warnen. Rasant steigende Preise auf dem amerikanischen Häusermarkt gelten den Anhängern der Theorie effizienter Märkte als unproblematisch. Sie zeigen lediglich, dass es offenbar neue Informationen gibt, nach denen Häuser und Grundstücke in Amerika bisher zu niedrige Preise hatten. Der Markt gleicht das aus. Auch die in der Krise plötzlich rasant fallenden Preise für sogenannte Subprime-Papiere waren nach dieser Theorie kein Ausdruck einer irrationalen Angst, die einen Investor nach dem anderen ansteckte. Sie waren das Ergebnis neuer Informationen, die sich rasend schnell auf dem Markt, der zentralen Informationssammelstelle, verbreiteten und in Form von Preisen ausdrückten.

Dieser Glaube an die Effizienz der Märkte hat die gesamte Ökonomie und ihre Politikberatung beeinflusst. Während sich viele Volkswirte früher einmal zur ersten Aufgabe gesetzt hatten, Mittel zu finden, um mithilfe des Staats das Marktversagen zu kontrollieren, ist diese Idee in den vergangenen Jahren (durchaus nicht nur zu Unrecht) für viele ins Gegenteil umgeschlagen. Man traute den Märkten, darunter vor allem den Finanzmärkten, wieder mehr zu, dem Staat weniger. Ein wenig erinnert das an den alten Witz, den selbstironische Volkswirte einander gerne erzählen:

Wie viele Ökonomen braucht man, um eine Glühbirne zu wechseln? Keinen, denn wenn die Birne gewechselt werden müsste, hätte der Markt das längst erledigt.

Der Markt ist ohne Zweifel die beste uns bekannte Methode, um Informationen über Güter zu sammeln und angemessene Preise zu finden. Doch er schafft nicht alles; er ist nicht unfehlbar. Das liegt daran, dass er eben auch nur menschengemacht ist und keine Maschine. Schwierig wird es vor allem, wenn auf ihm zukünftige Werte gehandelt werden. Das betrifft besonders Vermögensgegenstände, die ja in der Regel nicht sofort konsumiert werden, sondern ihren Wert in Zukunft behalten sollen, am besten sogar deutlich steigern. Ob das Brötchen beim Bäcker seinen Preis wert war, entscheidet sich spätestens eine Stunde nach dem Kauf. Ob aber die Investition in einen Fonds oder eine Aktie ihren Preis wert war, entscheidet sich erst am Tag des Verkaufs der Aktien oder Fondsanteile – und der liegt womöglich in zwanzig Jahren. Die Anhänger der Theorie effizienter Märkte glauben nun, dass die Menschen sich auch über den Wert in zwanzig Jahren aufgrund heutiger Information vernünftige Erwartungen bilden könnten. Diese brächten sie in den Markt ein und es entstünde der unter diesem Informationsstand richtige Preis. Die Realität zeigt aber, dass das nicht immer funktioniert. In manchen Phasen überschätzen die Menschen systematisch das, was die Zukunft bringt. Etwa auf dem amerikanischen Häusermarkt der vergangenen Jahre, als die Euphorie groß war und man an immer weiter steigende Hauspreise glaubte. In manchen Phasen unterschätzen sie die Zukunft dramatisch. Etwa kurz nach großen Krisen, wenn die Angst umgeht und die Menschen befürchten, ihr Erspartes zu verlieren.

Die Ökonomen haben den Markt überschätzt. Sie haben ihn für deutlich vernünftiger gehalten, als er eigentlich ist. Natürlich wussten sie – genau wie jeder andere –, dass Wirtschaft auch von Gefühlen gesteuert wird. Sie dachten jedoch, das könne man vernachlässigen, da die Haupttriebkraft des Menschen am Ende doch seine Vernunft sei. Vielleicht liegt das daran, dass Ökonomen selbst meist sehr rationale Menschen sind. Auf jeden Fall haben sie sich Modelle von der Wirtschaft konstruiert, die auf dem *Bild eines geradezu hyperrationalen Menschen* beruhen. Damit haben sich die Makroökonomen und mit ihnen viele Finanzmarktökonomen weit von der Realität entfernt. Irgendwann schwebten einige von ihnen nur noch in ihren ganz eigenen Sphären, ohne das wirkliche Leben noch bedeutend zu tangieren.

Das alles ist schon ein wenig weltfremd, doch eine der neueren Annahmen ist ohne Zweifel die fragwürdigste: Der Makroökonom nimmt seit den späten siebziger Jahren gerne an, dass der Mensch nicht nur rational handelt, sondern auch vollkommen *rationale Erwartungen* über die Zukunft hat. Das bedeutet, dass erstens jeder Mensch über jedwede vorhandenen Informationen verfügt und dass er zweitens über ein richtiges Modell verfügt, um diese Daten zu Erwartungen zu verarbeiten. Das richtige Modell ist dabei natürlich das, das der Volkswirt sich für ihn ausgedacht hat. Der Mensch bildet diese rationalen Erwartungen zum Beispiel über künftige Aktienkurse oder Hauspreise und auch über die Inflation. Dabei ist er in der Lage, Risiken richtig einzuschätzen und Wahrscheinlichkeiten genau zu berechnen. Er kann zwar auch Fehler machen, aber diese Fehler sind über alle Menschen zufällig verteilt, sodass sie sich in der Summe aufheben.

Ganz abgesehen davon, dass diese Annahme rationaler Erwartungen vollkommen unrealistisch ist (sich aber gut modellieren lässt), hat sie auch eine bedeutende Folge: Mit rationalen Erwartungen kann es schwerlich Spekulationsblasen geben. Wenn jeder Mensch die Zukunft völlig rational einschätzt, dann entwickelt er auch angesichts vorhandener Information völlig korrekte Vorstellungen darüber, was etwa ein Haus oder ein Wertpapier in Zukunft wert ist. Diese Erwartungen führen dazu, dass er tatsächlich nur dann das Haus oder das Wertpapier kauft, wenn es sich für ihn nach seinem derzeitigen Informationsstand lohnt. Der Mensch, wie ihn die Makroökonomen sehen, ist nicht verleitet, sich einer kollektiven Manie hinzugeben. Er glaubt zum Beispiel nicht, dass die Aktienkurse für Internetfirmen, die kein Geld verdienen, wahnsinnig steigen werden, nur weil sie für ein paar Jahre gestiegen sind, wie es viele in den 2000er Jahren annahmen. Ebenso durchschaut er die Risiken komplexer Wertpapiere und weiß genau, welchen Preis er dafür vernünftigerweise bezahlen sollte. Seine Erwartungen ändern sich nur, wenn seine Informationen sich ändern, nicht wenn seine Stimmung sich ändert oder sein Kollege auf einmal Feuer und Flamme für eine neue Investitionsmöglichkeit ist. Auch Angst, die sich plötzlich im

Markt verbreitet, interessiert ihn nicht. Der Mensch fürchtet sich nicht. Er rechnet.

Da dies nach Ansicht vieler Ökonomen alle Menschen tun, spiegeln die Preise, die auf Märkten zum Beispiel für Häuser oder Wertpapiere entstehen, am Ende immer ziemlich genau den Wert wider, den ein Haus oder Wertpapier angesichts aller aktuellen Informationen tatsächlich hat. Übertreibungen gibt es nicht. Die Radikalität, mit der viele Ökonomen an diese Theorie glaubten, ist mit Sicherheit zu viel des Guten gewesen: Jeder, der den realen Markt in den vergangenen Jahren beobachtet hat, sah dort Zyklen der Übertreibung – nach oben und nach unten.

Den Unsinn der rationalen Erwartungen versteht man besonders gut, wenn man einen einfachen Fall betrachtet. Nehmen wir eine gute Freundin von mir, nennen wir sie Mathilde. Mathilde wohnt in Aachen und geht gerne ins dortige Kasino, weil sie den Kitzel mag und außerdem nicht viel zu verlieren hat. Mathilde setzt beim Roulette meistens auf Rot (ihre Lieblingsfarbe). Der Makroökonom nun geht davon aus, dass Mathilde sehr genau den Gewinn kennt, den sie erhält, wenn Rot tatsächlich kommt (stimmt). Zudem weiß sie, mit welcher Wahrscheinlichkeit die Farbe Rot tatsächlich kommt (stimmt halbwegs, Mathilde meint, es seien 50 Prozent, doch die Wahrscheinlichkeit ist geringer, schließlich gibt es noch die grüne Null). Nicht zuletzt ist ihr ebenfalls bekannt, wie sich die Wahrscheinlichkeit entwickelt, wenn sie zweimal auf Rot setzt, dreimal auf Rot, viermal auf Rot oder auch hundertmal auf Schwarz (schon unwahrscheinlicher, dass sie das genau ausrechnen kann). Jetzt wägt sie alle diese Möglichkeiten gegeneinander ab und auch gegen die Möglichkeit, nicht mitzuspielen und zu Hause einen Fernsehfilm zu gucken. Kurz: Sie bildet rationale Erwartungen darüber, was ihr der Kasinobesuch bringt, ausgedrückt in einer Wahrscheinlichkeitsverteilung. Nach Vorstellung der Makroökonomen entscheidet sich Mathilde nun, flugs nach Hause zu gehen, weil die Wahrscheinlichkeit, dass sie ihr Geld verliert, größer ist als die Wahrscheinlichkeit, dass sie Geld gewinnt. Das hat sie ausgerechnet und ihre rationale Erwartung genutzt, um eine Entscheidung zu treffen – und die lautet Heimweg. Tatsächlich aber handelt Mathilde anders, als es das ökonomische Modell vermuten lässt: Sie spielt.

Kluge Ökonomen werden jetzt einwenden, dass sie durchaus auch Mathildes Spiellust abbilden können, wenn sie nur möchten. Zum Beispiel könnte man annehmen, dass das Spiel ihr an sich Freude bringt und damit einen Nutzen, der größer ist als das verlorene Geld. In der Folge dürfte Mathilde durchaus spielen, denn sie tut ja stets das, was ihr den größten Nutzen bringt. Das ist eine theoretische Möglichkeit, die allerdings sehr weit hergeholt ist. Denn kaum ein Modell moderner Volkswirte berücksichtigt ähnliche Gefühle in der Nutzenfunktion. Meist geht es darin nur um ein Ziel: mehr Geld. Mit diesem Ziel bliebe Mathilde nur die sofortige Flucht aus dem Kasino.

Die Theorie rationaler Erwartungen kann die moderate Spiellust meiner Freundin also schon einmal nicht erklären. Wie aber ist es, wenn Mathilde ihr Geld anlegt? Da wird es mit den rationalen Erwartungen schon deutlich komplizierter als beim Roulette. Der Ökonom geht, der Einfachheit halber, in den meisten seiner Modelle davon aus, dass Mathilde alle verfügbaren Informationen über alle möglichen Anlagen und Wertpapiere besitzt. Das allein ist schon Irrsinn. Doch es kommt noch dicker: Mathilde kann zudem einschätzen, mit welchem Risiko jedes einzelne dieser Papiere behaftet ist und wie groß die Wahrscheinlichkeit ist, dass es stark an Wert gewinnt (oder verliert). Mit diesem Wissen bildet sie sich nun vernünftige Erwartungen darüber, wo die Preise der Wertpapiere in zehn Jahren liegen werden, wenn sie sich ein Haus bauen und deshalb verkaufen will. Sie legt ihr Geld am Ende so an, dass es ihr den größten erwarteten Vorteil bringt. Was ihr Anlageberater der Sparkasse in Aachen dazu sagt, ist ihr dabei übrigens vollkommen schnuppe.

Da alle Anleger auf dieser Welt so schlau sind wie Mathilde – und das ist der Clou der Theorie –, ist es am Schluss im Prinzip relativ egal, was sie kauft. Denn die Preise aller Aktien, Zertifikate, Optionsscheine spiegeln schon genau den Wert wider, den diese Papiere auch haben. Alle erwarteten zukünftigen Schwankungen, ob nun nach oben oder unten, sind, wie der Ökonom sagt, eingepreist. Für Mathilde geht es am Ende höchstens noch darum, welches Risiko sie eingehen will. Praktisch.

Das bedeutet jedoch auch, dass es schwachsinnig ist zu glauben, man könnte zum Beispiel am Aktienmarkt (oder irgendwo sonst) durch kluges Investieren extreme Gewinne machen. Große Gewinne sind vielmehr reine Zufälle und nicht auf den eigenen Verstand oder das eigene Wissen zurückzuführen. Ebenso ist es mit großen Verlusten. Da lässt sich nur sagen: Pech gehabt. Mathilde kann also wissentlich gar nicht viel falsch machen. Sie muss sich keine Sorgen machen, dass sie in ein Produkt investiert, das völlig überteuert, weil von den anderen Anlegern überschätzt ist. Sie muss nicht befürchten, dass sie womöglich einer kollektiven Euphorie hinterherläuft und Papiere kauft, kurz bevor die Blase platzt und sie stark an Wert verlieren. Der Preis ihrer Investitionen ist stets angesichts aller vorhandenen Informationen vernünftig. Blasen gibt es nicht.

Das kann ziemlich schnell falsch sein. Auch das lässt sich an Mathilde zeigen. Was ist nämlich, wenn sie und viele, viele andere sich keine Informationen über die Wertpapiere besorgt haben oder sie nicht verstehen? Was, wenn sie gar nicht begreifen, was sie da kaufen? Was, wenn sie wie Mathilde nach dem alten Trick verfahren, der da lautet: dem Kundenberater lauschen und eine Prise Optimismus abziehen? Sind das rationale Erwartungen? Wohl kaum.

Wenn sich tatsächlich die Mehrheit der Anleger so verhält wie Mathilde, dann drückt der Marktpreis nicht mehr zwangsläufig rationale Erwartungen aus, sondern eher irrationale oder teilrationale Erwartungen. Er kann zeitweise gehörig von seinem (schwer zu ermittelnden) vernünftigen Wert abweichen.

Es gibt zahlreiche Beispiele dafür, dass es solche Phasen der Abweichung immer wieder gibt, in denen Menschen sich nicht vom Verstand, sondern von Faustregeln oder Gefühlen wie einer plötzlichen Spekulationslust oder einer kollektiven Angst vor großen Verlusten hinreißen lassen. Sie treffen dann Entscheidungen, die nicht auf rationalen Erwartungen beruhen. Besonders realistisch ist die Theorie rationaler Erwartungen also nicht. Sie beschreibt zwar Teile der Wirklichkeit ganz gut (so ist es tatsächlich schwierig, an den Finanzmärkten schnell viel Geld zu verdienen, auch wenn man ein Einser-Student ist), aber sie ist eben nur die halbe Wahrheit, und es gibt Zeiten, in denen sie nicht funktioniert. Etwa in dieser Krise. Trotzdem hält die Wissenschaft immer noch an ihrem Dogma fest, wie einst die Ärzte jahrhundertelang die Überzeugung vertraten, dass das Ablassen von Blut gegen beinahe jede Krankheit helfe.

Der Präsident des Instituts für Weltwirtschaft, Dennis Snower, sagt: »Es ist sehr schwierig, die Finanzblase, die wir erlebt haben, durch rationale Erwartungen zu erklären. Man kann das machen, aber es ist nicht leicht und nicht besonders sinnvoll.« In der wirklichen Welt verhält sich der Mensch seiner Meinung nach völlig anders. »In guten Zeiten verdrängt er Risiken und nutzt nicht alle Informationen, um das Risiko richtig einzuschätzen. Dieser Optimismus ist ansteckend. Sobald aber der erste pessimistische Gedanke aufkommt, sieht auf einmal jeder die Risiken und schenkt ihnen viel mehr Beachtung.« Das führe zu übertriebenem Pessimismus. Snower plädiert dafür, diese psychologischen Effekte in Zukunft ernster zu nehmen und in die Modelle zu integrieren. Denn: »Unser Menschenbild entspricht nicht mehr unserem Wissen über das menschliche Gehirn.«

Natürlich glaubt längst nicht mehr jeder Ökonom an rationale Erwartungen und effiziente Märkte. Es gibt einige, die sich mit Irrationalitäten befassen. So existieren Finanzmarktökonomen, die Blasen analysieren, und es gibt eine Menge Blasenmodelle und -theorien, die nicht auf rationalen Erwartungen beruhen. Nur haben sie es bisher kaum ins Lehrbuch geschafft und spielen in der Ökonomie eine Nebenrolle. Die Zerrbilder des hyperrationalen Menschen und des stets effizienten Markts sind hingegen für viele Ökonomen zum Dogma geworden. Robert Shiller erklärt sich den Erfolg der Theorie effizienter Märkte so:

> Ökonomen mögen Forschung, die sie selbst verherrlicht. Sie mögen keine Forschung, die die Analysten verherrlicht. Deshalb entwickelten sie die Sichtweise, dass Analysten im Vergleich zum Markt nichts wissen. Und wenn irgendeiner von ihnen reich ist, dann war das einfach Glück. Es wird immer irgendjemanden geben, der eine Anzahl von Glückstreffern macht und darüber berühmt wird. Das ist eine sehr feindliche Sicht auf diese Menschen.

Nicht alle Volkswirte halten am Dogma des hyperrationalen Menschen fest. In der Mikroökonomie, die sich mit dem Verhalten einzelner Marktakteure befasst, geht dieses Denken schon seit Jahren zurück. Dort erlebt die Verhaltensökonomie einen Aufschwung. Sie hat bewiesen, dass es rationale Erwartungen selten gibt und die Menschen – welch eine Überraschung – gar nicht so gut rechnen können, wie die Ökonomen gerne glauben. In der Makroökonomie aber ist die neue Verhaltensforschung noch nicht richtig angekommen. Das alte Menschenbild hat Bestand. Das liegt nicht daran, dass Makroökonomen weniger einsichtig wären als andere Forscher. Ihr Betätigungsfeld ist nur weitaus komplexer, schließlich beschreiben sie ganze Volkswirtschaften und ihr Zusammenspiel. Um das noch in Modellen erfassen zu können, müssen sie ihre Welt zwangsläufig radikal vereinfachen. Rationale Erwartungen lassen sich relativ leicht in Modelle einbauen. Wenn man aber der Wirklichkeit näherkommen will, wird es kompliziert. Irrationale Erwartungen sind zum Teil chaotisch und schwierig in mathematischen Gleichungen auszudrücken. Die Mathematik aber ist eine der zentralen Methoden der Volkswirtschaftslehre.

Nun melden sich die ersten, die der Mathematik die Schuld geben an der Blindheit der Wirtschaftswissenschaftler für die Krise. Die Makroökonomen seien *modellfixiert und mathematikverliebt*, sagen andere Volkswirte. Darüber hätten sie die Realität vergessen. Dieser Vorwurf ist sicherlich nicht unbegründet. Gerade moderne Makroökonomen ergehen sich gerne in hochtheoretischen Diskussionen über die logische Stringenz von Modellen oder den komplizierten Beweis irgendwelcher Theoreme. Dabei verliert mancher aus den Augen, dass die Wirklichkeit doch oft anders funktioniert. So sind die strikten Annahmen, die in den Modellen getroffen werden, reichlich realitätsfern. Es ist zum Beispiel schwierig, die Entstehung von Krisen in Modellen abzubilden, die davon ausgehen, dass die Wirtschaft stets einem Gleichgewicht zustrebt. Diese Modelle gibt es aber sehr häufig in der Volkswirtschaftslehre. Das erinnert an einen Vergleich, den einst John Maynard Keynes gezogen hat, um die Theoretiker der klassischen Volkswirtschaftslehre zu verspotten. Der Ökonom schrieb: »Die klassischen Theoretiker gleichen euklidischen Mathematikern in einer nichteuklidischen Welt, die entdecken, dass scheinbar parallele gerade Linien in Wirklichkeit sich oft treffen, und denen kein anderes Mittel gegen diese sich ereignenden bedauerlichen Zusammenstöße einfällt, als die Linien zu schelten, dass sie nicht gerade bleiben.« Das formulierte Keynes im Jahr 1936, und es klingt aktuell wie nie.

Jedoch kann die heiße Liebe zu komplizierten Modellen und zur Mathematik nicht der wichtigste Grund für das Versagen der Ökonomen sein. Denn prinzipiell ist es zu begrüßen, wenn Volkswirte ihre Theorien so aufstellen, dass man erkennt, auf welchen vereinfachenden Annahmen sie beruhen, dass man sehen kann, unter welchen Bedingungen sie falsch sind. Eine Wirtschaftstheorie, die vor allem auf dem gesunden

Menschenverstand und ein wenig Philosophie beruht, mag in manchen Situationen von Vorteil sein, doch sind mathematisierte Theorien leichter überprüfbar und leichter widerlegbar. Damit eignen sie sich besser, um den wissenschaftlichen Fortschritt abzubilden oder den Rückschritt einzugestehen. Sie dürfen bloß nicht vom Instrument zum eigentlichen Forschungsgegenstand werden. Wenn sie nämlich *nur* Instrument sind, dann können sie durchaus auch ein völlig anderes Menschenbild als den Homo oeconomicus beinhalten.

Die Entwicklung solcher Modelle (es gibt durchaus schon erste Versuche) steht jedoch erst am Anfang. Damit sie sich durchsetzt, muss zunächst die *Psychologie-Skepsis* vieler sehr rationaler Forscher überwunden werden. Man kann in der Ökonomie einen Selbstselektionsmechanismus beobachten, der gefährlich ist: Weil viele bekannte Volkswirtschafts-Professoren stark auf Rationalität und mathematische Modelle setzen, studieren auch vor allem junge Menschen das Fach, die sehr rational denken und mathematisch begabt sind. Ein grundsätzliches Interesse für Menschen ist hingegen nicht notwendig oder höchstens zweitrangig. Es sind auch diese hyperrationalen Forscher, die international Beachtung finden und bewundert werden. Die höchste Bewunderung erhält derjenige, der komplizierte Modelle konstruiert, die nur noch von fünf Menschen weltweit verstanden, von diesen aber als wahre Genieleistungen gelobt werden. Der hyperrationale Forscher reproduziert sich selbst. Da ist es natürlich schwierig, als Neuling mit Ideen zu kommen, die das Dogma infrage stellen oder gar versuchen, Erkenntnisse anderer Wissenschaften wie der Psychologie zu integrieren.

Das Festhalten an den rationalen Erwartungen ist aber nicht nur durch die Psychologie-Skepsis zu erklären, sondern auch durch die *Erfolge, die die Rationalitätsannahme einst feierte.* Der amerikanische Ökonom Milton Friedman nutzte sie, um die Schwierigkeiten in den siebziger Jahren zu erklären. Damals lahmte die Wirtschaft beinahe weltweit, vor allem wegen hoher Ölpreise. Die Notenbanken versuchten, die Konjunktur wieder zum Tanzen zu bringen, indem sie die Zinsen senkten. Früher hatte das geholfen. Die Preise waren damals gestiegen, weil mehr Geld in den Markt kam, die Löhne aber zunächst relativ konstant geblieben. Das bedeutete für die Firmen, dass sie mehr Menschen einstellen konnten, weil die Reallöhne sanken. Die Arbeitslosigkeit ging zurück, die

Wirtschaft kam in Schwung. In den Nachkriegsjahren hatte das immer wieder funktioniert. Ja, man war sogar zu der festen Überzeugung gekommen, dass billiges Geld von der Zentralbank immer zweierlei bewirke: höhere Preise, aber auch mehr Jobs. Das böse Erwachen kam in den siebziger Jahren. Da brachte diese Geldpolitik auf einmal keine Bewegung mehr in die Märkte. Die Arbeitslosigkeit sank nicht, stattdessen gab es einfach nur höhere Preise, gepaart mit hoher Arbeitslosigkeit. Das schöne Instrument, auf dem die Notenbank so virtuos zu spielen verstand, brachte nicht mehr den erhofften Ton hervor. Es war nutzlos geworden. Die Ökonomen waren ratlos.

Friedman aber konnte das Phänomen erklären. Die Menschen, so sein Argument, waren eben nicht dumm, sondern rational. Wenn es monatelang hohe Inflation gab, erwarteten sie diese auch für die Zukunft. In der Folge verlangten sie höhere Löhne, um die Verluste durch die Preissteigerung wieder auszugleichen. Das wiederum führte dazu, dass die Firmen nicht in der Lage waren, mehr Menschen einzustellen. Die vernünftigen Erwartungen der Menschen über die künftige Inflation machten die Geldpolitik also wirkungslos auf dem Arbeitsmarkt. Schon in den sechziger Jahren sagte Friedman voraus, dass genau das passieren würde. Sein aktuell wohl prominentester Kollege, der Amerikaner Paul Krugman, nennt das »einen der größten Vorhersageerfolge der Ökonomie«. Daraus folgerten die Wissenschaftler, dass die Notenbank sich besser zurückhalten sollte, anstatt immer mehr Geld auszugeben; so würde sie wenigstens die Inflation in Schach halten. Diese Geldpolitik setzte sich durch – und brachte tatsächlich den gewünschten Effekt.

Die Vorstellung, dass Menschen rational sind, erklärte demnach die Wirklichkeit einiger Jahre sehr gut und stellte auch noch die richtige Handlungsweise für die Notenbank bereit. Es folgten Ruhm und Ehre für Milton Friedman und 1976 der Nobelpreis. Ein solcher Erfolg sorgt selbstverständlich für Nachahmer. Krugman erzählt das so: »Die Wissenschaftler glaubten nun, man komme voran in der Makroökonomie, wenn man die Menschen als klug und rational ansieht.« In der Folge wurden sie immer strikter in ihren Rationalitätsannahmen. Mit anderen Worten: Sie übertrieben es. Der Höhepunkt war Robert Lucas' Theorie der rationalen Erwartungen. »Lucas nahm Friedman ernster, als Friedman sich selbst nahm«, sagt Krugman.

So kam es dazu, dass Makroökonomen heutzutage eigentlich gar keine Krisen vorhersehen können. Aus ihren Standardmodellen haben sie sie einfach wegdefiniert. Per Annahme verhalten sich die Menschen dort so, dass Krisen unmöglich sind: Krisen sind exogen, wie der Modelltheoretiker es nennt. Man kann sie zwar per Annahme einführen (»Nehmen wir einmal an, der Export fällt plötzlich um 10 Prozent«), aber man kann sie nicht systematisch erklären. Die Makroökonomen haben schlicht aufgegeben; die meisten halten Krisen für nicht oder nur sehr schwer prognostizierbar. Sie überlassen das lieber den Taxifahrern oder den Menschen, die abends im heimischen Arbeitszimmer Blogs mit Verschwörungstheorien lesen. Es ist zu bodenständig für sie. Es ist chaotisch, ungenau. Es verspricht keinen großen Forschungserfolg und keinen Forscherruhm. Damit wollen sie lieber nichts zu tun haben. So nimmt man Krisen als irgendwie vorhandenes Übel, das man zwar nicht vorhersehen, aber zumindest politisch eindämmen kann.

Das kann nicht ausreichen. Vor allem von denjenigen Ökonomen, die die praktische Politik beraten, erwartet man mehr; vom Rat der Wirtschaftsweisen, von den Forschungsinstituten, von den Star-Ökonomen Deutschlands. Denn es ist ihre Aufgabe, die echte Welt zu betrachten, keine theoretischen Hirngespinste, daraus Schlüsse zu ziehen und vor Gefahren zu warnen. Selbst wenn man davon ausgeht, dass die erste Ursache einer Krise tatsächlich schwierig vorherzusehen ist: Hätte es nicht trotzdem längst Thema sein müssen, was passiert, wenn eine solche Krise doch einmal kommt? Wenn man aufgibt bei der Krisenprognose, dann lauten die wichtigsten Fragen doch immer noch: Wie kann man erkennen, dass eine kleine begrenzte Krise auf die gesamte Wirtschaft übergreift? Und wie kann man das verhindern? Dabei wären sowohl Vorsichtsmaßnahmen im Vorhinein gemeint als auch die Frage, was in der konkreten Situation zu tun ist.

Beides war unter bekannten deutschen Ökonomen selten ein Lieblingsthema. Denn dazu muss man zwangsläufig mit Banken, Finanzmärkten und deren Regulierung im Detail vertraut sein. Das ist kompliziert und wenig geeignet, um gesellschaftliche Debatten anzustacheln und große Interviews zu geben. Diese Diskussionen haben die Stars unter den deutschen Ökonomen daher zumeist lieber den Spezialisten überlassen. (Heute selbstverständlich warten sie alle mit Vorschlägen auf, wie die Banken besser zu regulieren wären, und halten das auf einmal für das zentrale Thema.) Die Zurückhaltung hatte natürlich nicht nur damit zu tun, dass Finanzmärkte schwierig zu verstehen sind – das deutsche Steuerwesen ist schließlich auch kompliziert und wird gerne und oft von Ökonomen kommentiert. Nein, der wichtigste Grund war der, mit dem wir wieder auf den Anfang zurückkommen: Die Ökonomen glaubten, das Problem der Vermeidung von Depressionen längst gelöst zu haben. Die Notenbank sollte es richten. Wenn die genügend Geld in den Markt pumpte, würde sich die Krise nicht so schnell ausbreiten können und kaum auf die gesamte Wirtschaft übergreifen. So die Überzeugung vieler, vieler Ökonomen, die auch noch scheinbar durch die Geschichte bestätigt wurde. Eine Überzeugung, die diese Krise erst so gefährlich gemacht hat, denn man hat die Spannungen auf den Märkten nicht ernst genug genommen: in der Politik nicht, in den Redaktionen nicht und unter Ökonomen auch nicht.

Lustigerweise unterlagen die Ökonomen in dieser Krise genau dem gleichen menschlichen Fehler, der für Blasen verantwortlich gemacht wird: Sie verließen sich zu sehr auf die jüngere Vergangenheit und glaubten, dass diese sich ewig fortschreiben ließe. Aktienblasen entstehen, weil die Preise in einem Markt lange steigen – und die Menschen denken, sie würden noch lange weitersteigen. Die Nachlässigkeit gegenüber Krisen entstand, weil es in den vergangenen Jahren kaum mehr dramatische Krisen gab – und die Ökonomen dachten, das würde ewig so weitergehen. Weil sie so selten Marktversagen erlebt hatten, stempelte sie der Markt selbst zu Versagern. Oje. Vielleicht sind Volkswirte ja nicht einmal selbst so rational, wie sie es in ihren Modellen allen Menschen unterstellen.

## Falsche Zurückhaltung – die Fehler der wenigen Warner

Die meisten der bekannten Ökonomen haben durchaus den einen oder anderen Punkt der Krise im Vorhinein gesehen. Das soll hier keinesfalls unterschlagen werden. So warnte Bundesbankpräsident Axel Weber bereits im Juni 2007 in einer Rede sehr eindeutig vor den Folgen der großen Verschuldung der Amerikaner bei anderen Ländern. Auch andere bekannte Volkswirte wie der Wirtschaftsweise Peter Bofinger betrachteten diese sogenannten globalen Ungleichgewichte seit Jahren mit Sorge. Ebenso waren einige, vor allem amerikanische Ökonomen beunruhigt, weil die Preise am amerikanischen Häusermarkt in die Höhe schossen. Andere, wie Ifo-Präsident Hans-Werner Sinn, sahen schon vor Jahren die nationale Bankenregulierung gefährdet, weil Finanzunternehmen sich mittlerweile den Standort mit der geringsten Regulierung aussuchen konnten, sodass ein gefährlicher Wettbewerb zwischen den Staaten um die geringste Regulierung entstand.

Doch es fehlte derjenige, der alle Puzzlestücke zusammensetzte und die Brisanz des Bildes erkannte, das vor ihm lag. Dass das fast keiner geschafft hat, lag an dem seltsamen Konsens unter Ökonomen, es werde schon alles gutgehen. Dieser Konsens führte unter Volkswirten, die etwas ahnten, zu einer gewissen *Angst davor, sich lächerlich zu machen*. Denn man hätte – ohne bedeutende empirische Beweise, schließlich lag die Krise ja in der Zukunft – eine These vertreten müssen, die die wenigsten anderen Wissenschaftler teilten. Zudem wäre es auch noch eine These gewesen, die die Politik nicht gerne hört, weil sie die größte Angst davor hat, dass Krisen womöglich herbeigeredet werden.

Wer ein sehr unwahrscheinliches Ereignis mit katastrophalen Auswirkungen gebetsmühlenartig ankündigt, der gilt leicht als Spinner. Glauben die meisten Volkswirte, dass das Problem mit den tiefen Krisen beseitigt ist, werden Menschen, die es anders sehen, schräg angeschaut. Es entsteht ein ungeheurer Gruppendruck. Das sind psychologische Effekte, wie es sie überall auf der Welt gibt, auch unter Forschern. Das bestätigt ein Mann, der es vorher gewusst hat: der amerikanische Ökonom Robert Shiller. Er sagt: »Menschen in Expertengruppen sorgen sich ständig um ihre persönliche Bedeutung und ihren Einfluss. Sie haben den Eindruck, wenn sie zu weit vom Konsens abrücken, werden sie in keine ernsthafte Position gelangen.« Das Versagen der Ökonomen angesichts ihrer Jahrhundertaufgabe, einer rechtzeitigen, lautstarken Krisenwarnung, erklärt er deshalb auch mit dem Herdentrieb in seiner eigenen Wissenschaft.

Es gab allerdings eine Minderheit, die anhaltend vor dem Crash gewarnt hat. Robert Shiller gehörte dazu, Nouriel Roubini, einzelne Analysten, ein paar Anhänger der Österreichischen Schule und auch Max Otte hatten es ziemlich gut getroffen. Doch wieso wurden diese echten

Propheten nicht gehört? Wieso wurde Ottes Buch erst öffentlich wahrgenommen, als die Krise da war, obwohl es schon 2006 auf der Bestsellerliste stand? Wieso reagierte keiner auf die Warnungen von Nouriel Roubini vor dem Internationalen Währungsfonds im Jahr 2006? Warum rezensierte kaum ein Journalist die zweite Auflage von Shillers Buch *Irrational Exuberance*, das das Platzen der Hauspreisblase vorhersagte?

Das lag vor allem daran, dass diese Wissenschaftler zum Großteil (vielleicht mit Ausnahme von Shiller) Außenseiter in ihrer eigenen Wissenschaft waren und es zum Teil auch noch sind. Die Menschen aber neigen dazu, den Autoritäten, den Star-Ökonomen zu glauben, nicht dem Professor von der FH Worms. Die Ironie dabei ist, dass sich in dieser Situation vielleicht auch nur Außenseiter trauten, laut zu warnen. Denn sie hatten keine Angst, als Crash-Propheten belächelt zu werden, sie mussten sich nicht um ihre Karriere sorgen. Für sie war es womöglich sogar die einzige Chance, jemals auf sich aufmerksam zu machen. »Mir ist die Mainstream-Ökonomie egal«, sagt etwa Max Otte. »Ich habe nicht das Ziel, dort groß Karriere zu machen.« Und Robert Shiller ist zwar Professor an der berühmten Universität Yale, doch er gehörte als Verhaltensökonom unter den Makroökonomen ebenfalls nicht zum gängigen Typus. Er selbst sieht die Gründe, wieso er gewarnt hat, auch in seiner (angeblich) renitenten Persönlichkeit. »Ich habe immer eine zynische Sicht auf die Welt gehabt«, sagt er und berichtet davon, dass es ihm schon sehr früh an Respekt vor Autoritäten gemangelt habe. »Mein Sonntagsschullehrer sagte meinen Eltern, dass ich ein schlechtes Benehmen hätte«, sagt er. »Ich dachte einfach, dass mein Sonntagsschullehrer keine Ahnung hatte. Das war meine Haltung, und so bin ich immer noch.«

Kapitel 5

# Eine neue Ökonomie: Was sich ändern muss

Dennis Snower vom Institut für Weltwirtschaft spricht leise, aber deutlich über die Zukunft der Ökonomen: »Es gibt viele eitle Leute, die ihre Arbeit nun auf den Müll werfen müssen«, meint er. »Um das mitzumachen, braucht man eine ziemlich stabile Persönlichkeit. Die haben viele Ökonomen leider nicht.« Trotzdem ist er überzeugt, dass es so nicht weitergehen kann. »Wir sind allesamt in die falsche Richtung gelaufen.« Der amerikanische Nobelpreisträger Paul Krugman wird noch drastischer. In einer Vorlesung an der *London School of Economics* im Juni 2009 sagt er, der Großteil der Makroökonomie der vergangenen 30 Jahre sei »im besten Fall spektakulär nutzlos und im schlimmsten Fall sogar schädlich« gewesen. Er sagt: »Wir brauchen eine ganze neue Art, Ökonomie zu lehren«, gibt aber zu: »Ich weiß auch nicht so genau, wie das gehen soll.«

Auch Nicht-Ökonomen stellen fest, dass die Volkswirtschaftslehre nach neuen Methoden suchen und ein neues Selbstverständnis finden muss. »Wirtschaftswissenschaftler sind im Einzelfall nicht dümmer als Physiker«, sagt Hans Joachim Schellnhuber, selbst Physiker und Klimaforscher. »Aber sie haben einen unendlich komplexeren Forschungsgegenstand zu bearbeiten. Wenn sie den Weg der Physik gehen und eine quantitativ-prädikative Wissenschaft sein wollen, müssen sie deshalb eben auch viel größere Anstrengungen machen als die Naturwissenschaften.« Er hält es durchaus für möglich, dass die Ökonomen nach dieser Krise damit aufhören, die Physik zu imitieren und genau messbare Vorhersagen für die Zukunft machen zu wollen. »Vielleicht kehren sie stattdessen dahin zurück, wo sie herkommen: zur Sozial- und Moralphilosophie.«

Das vergangene Jahr hat gezeigt, was jahrelang unterdrückt wurde: Die Ökonomie ist keine exakte Wissenschaft. Konjunkturprognosen sind im Vergleich zu Wetterprognosen eine Farce (wobei die Wettervorhersagen sich ja meist auch nur auf die nächsten drei Tage beziehen, nicht auf die kommenden eineinhalb Jahre). Selbst große Gefahren für die Weltwirtschaft, die sich langsam und sichtbar aufbauen, sind mit den heutigen Methoden der Volkswirte nicht leicht zu erfassen und abzuwenden. Dabei war das Ziel seit Jahrzehnten ein anderes. Die Ökonomen wollten exakt werden, eine echte Wissenschaft, beinahe schon eine Naturwissenschaft. Sie wollten möglichst genaue Anleitungen für die Wirtschaft und ihre Politik zur Verfügung stellen, um nichts Geringeres als Weltverbesserung zu erreichen: Wohlstand für alle. Sie waren fest davon überzeugt, es schaffen zu können, die richtigen Instrumente zu entwickeln, um die Welt zu einem besseren Ort zu machen, mit Wachstum, Arbeitsplätzen und einem guten Auskommen für jeden.

Ihre Versprechungen verkündeten die Ökonomen selbstbewusst mit einem Hang zur Arroganz, der als Machtverstärker wirkte. So wurden die Ökonomen zu den großen Zaubermeistern der Welt und ihre Wissenschaft zur Glaskugel, in der sich die Zukunft spiegelte. Sie warnten vor Fehlentwicklungen und machten kluge Vorschläge, damit es einmal hieße: Und wenn sie nicht gestorben sind, dann leben sie noch heute in Wohlstand und im ewigen Gleichgewicht ihrer Volkswirtschaft.

Nun ist der Zauber verflogen. Ökonomen müssen anerkennen: Sie sind keine Zaubermeister, nicht einmal einfache Zauberer. Ihre Glaskugel war in dieser Krise blind. Ihre Wissenschaft wurde überschätzt, von den Ökonomen selbst ebenso wie von den Politikern und der Öffentlichkeit, die so gern an ihre Verheißungen glauben wollten. Es ist nicht so einfach, das künftige Handeln einer Gruppe von Menschen – und nichts anderes ist eine Volkswirtschaft – vorherzusehen. Ein Mensch ist kein Gas, dessen Verhalten man einigermaßen genau prognostizieren kann. Selbst wenn man die Eigenschaften seiner Moleküle kennen würde, könnte man schwerlich daraus schließen, ob er morgen nach Frankfurt fährt oder zu Hause bleibt. Menschen tun manchmal Unberechenbares. Die Ökonomie ist keine Physik.

Trotzdem ist sie nicht nutzlos. Sie kann Entwicklungen registrieren, die in der Zukunft eintreten könnten – und sagen, unter welchen

Bedingungen das wahrscheinlich wäre. Die Ökonomie kann manche Risiken erkennen – auch wenn es ihr schwerfällt, zu sagen, wann diese genau zum Problem werden. Sie hat Erfahrungen damit, welche Institutionen und welche Politikeingriffe nützlich sind, um das Wachstum und die Krise unter Kontrolle zu halten. Klar ist aber: Sie weiß noch längst nicht alles. Vor allem aber weiß sie längst nicht so viel, wie sie selbst glaubte. Diese Krise ist deshalb auch eine Sinnkrise der Ökonomie. Vorschläge, was sich nun ändern muss, gibt es zuhauf. Viele Ökonomen jenseits des Mainstreams sehen auf einmal die Chance gekommen, der Wissenschaft ihre eigene Weltsicht aufzudrängen. Und manche Nicht-Ökonomen hoffen darauf, die von ihnen ungeliebte Wissenschaft nun vollständig ihrer Macht berauben zu können. Es herrscht Aufbruchstimmung. Nur wohin der Aufbruch geht, ist noch ungewiss.

Was es deshalb jetzt braucht, sind Volkswirte, die nicht an ihren althergebrachten Wahrheiten kleben wie Insekten am Fliegenfänger, sondern die sich umschauen, die offen sind für Altes, Neues und ganz anderes. Auf den folgenden Seiten kommen neun Ratschläge für die Zunft der Ökonomen, für ihre Studenten und auch für die Laien-Volkswirte dieser Welt. Es handelt sich dabei nicht um ein Forschungsprogramm – dafür müssen die Ökonomen selbst sorgen, das können sie auch viel besser –, sondern um Anregungen, die aus der genauen Beobachtung der Ökonomen-Zunft entstanden sind.

Das Ziel ist dabei nicht, die Volkswirtschaftslehre zur wahren Zauberei zu führen, sodass sie bald jede Gefahr genau einschätzen kann, jede Krise vorhersagt. Das wird sie niemals schaffen. Sie wird immer eine mäßig exakte Wissenschaft bleiben. Ihre Prognosen des Bruttoinlandsprodukts werden immer ziemlich schwammig sein (auch wenn sie so genau klingen); künftige Risiken wird sie immer wieder unterschätzen oder überschätzen. Auch die nächste große Krise wird sie vermutlich nicht vorhersehen. Trotzdem sollten die Ökonomen den Wunsch, gute Vorhersagen zu machen und Risiken in der Zukunft zu erkennen, nicht aufgeben. Jedes Volk braucht Experten der Wirtschaft, die helfen, Elend zu verhindern. Das Ziel der Ratschläge in diesem Kapitel ist deshalb schlicht, dass die Ökonomen besser werden. Die fortschrittsversessene Zunft soll auch den Fortschritt ihrer eigenen Wissenschaft vorantreiben.

Dafür braucht es mehr Methoden, neue Theorien und ein neues Selbstverständnis.

## Das Verhalten der Menschen genau untersuchen

Die Ökonomie ist eine Wissenschaft, in der es um menschliches Verhalten geht. Ob beim Kauf eines Autos, bei der Verhandlung eines neuen Kredits, in der Vorstandssitzung, die Neueinstellungen beschließt, oder beim Handel von Derivaten: immer treffen in der Wirtschaft Menschen aufeinander; immer bestimmt ihr Verhalten darüber, was insgesamt mit der Wirtschaft passiert. Das ist den Ökonomen selbstverständlich bewusst. Doch um in die Zukunft zu blicken, haben sie das menschliche Verhalten meist stark schematisiert. Sie erfanden den Homo oeconomicus, einen verstandesgesteuerten Menschen, der stets vollkommen vernünftig agiert und ein Ziel hat: mehr für sich. Hinzu trat die Idee der rationalen Erwartungen, die den Menschen zu einer Art mathematisch hochbegabter Rechenmaschine umdefinierte. Dies alles hatte seinen Zweck, keine Frage. Denn auch wenn die Menschen es ungern zugeben, lässt sich ihr Verhalten in der Masse mit solchen Annahmen durchaus vorhersagen.

Doch dieses Menschenbild hat auch seine Grenzen. Denn es blendet etwas aus, von dem die Menschen sich ebenfalls steuern lassen: Faustregeln, Stimmungen und das Bauchgefühl. Teilrationale Entscheidungen und Verhalten, das von Emotionen getrieben wird – auch das gehört zur menschlichen Natur. Hätten alle Leute vollkommen rationale Erwartungen gehabt, hätte diese Krise nicht ihr jetziges Ausmaß erreicht, denn sie hätten die Schwierigkeiten vorhergesehen und wären rechtzeitig abgesprungen. Sie hätten kein Haus gekauft, das sie sich nicht leisten konnten, hätten keine AAA-Wertpapiere gekauft, deren Rating offensichtlich überoptimistisch war. Die Menschen, die mit komplexen, vernünftigen Modellen ihre Zukunft exakt vorherberechnen, bildeten nicht die Mehrzahl. Sonst hätte es diese Krise nicht gegeben.

Stattdessen zeigen Menschen – gerade auf Finanzmärkten – seltsame Verhaltensweisen. Sie blicken auf die jüngere Vergangenheit und glauben, es würde ewig so weitergehen. Sie kaufen Wertpapiere, die sie nicht verstehen und deren künftige Entwicklung sie völlig falsch einschätzen.

Sie vergeben Kredite, ohne zu untersuchen, ob die Kreditnehmer sie überhaupt zurückzahlen können. Und sie reagieren panisch, nicht überlegt, wenn ihre Aktien an Wert verlieren.

Viele dieser Verhaltensweisen sind längst beschrieben. Es ist die noch junge Forschung der Verhaltensökonomie, von den Amerikanern *behavioral economics* genannt, die sich damit befasst. Sie will wissen, ob sich die Menschen wirklich so verhalten, wie die Professoren sich das an ihren Lehrstühlen ausgedacht haben. Dazu haben sich die Wissenschaftler auf eine Methode verlegt, die in der Ökonomie lange als unmöglich galt: Sie machen Experimente. Sie bestellen Menschen ins Labor ein und untersuchen dort ihr Verhalten. Sie simulieren Märkte und Handel und sie setzen – wie im wirklichen Leben – Geld als Anreiz ein. Die Ergebnisse sind erstaunlich. Die experimentelle Wirtschaftsforschung hat die ökonomische Theorie in Teilen widerlegt, in Teilen bestätigt. Sie hat viele vollkommen unterschiedliche Dinge herausgefunden. Zum Beispiel diese: Menschen bewerten das gleiche Gut höher, wenn sie es besitzen, als wenn sie es noch nicht haben, sondern erst erwerben könnten; Menschen sind bereit, sehr hohe Risiken einzugehen, um einen Verlust zu verhindern, nicht jedoch, um einen gleich hohen Gewinn zu erzielen; Menschen zahlen in Auktionen Preise, die über dem liegen, was sie für das gleiche Produkt ausgeben, wenn es einen festen Preis hat; Menschen überschätzen ihr eigenes Wissen und unterschätzen Risiken insbesondere dann, wenn sie über besonders wenig Information verfügen. All das ist übrigens nicht mit der Annahme vollkommener Rationalität zu vereinbaren.

So ist die Verhaltensökonomie mittlerweile ein wichtiger Zweig der Mikroökonomie geworden. Anders als andere relativ neue Entwicklungen in der Wissenschaft ist sie auch in Deutschland stark vertreten. Einer der Pioniere der experimentellen Wirtschaftsforschung ist Reinhard Selten. Er erzählt: »Vor dreißig Jahren haben die Kollegen Witze über mich gemacht, wenn ich in mein Labor gegangen bin. Aber die Forschung mit Experimenten hat sich mittlerweile durchgesetzt.« Das gilt insbesondere, wenn es um Finanzmärkte geht. Die *behavioral finance* ist ein Lieblingsprodukt der Wissenschaft. Sie stellt den Glaubenssatz infrage, dass Finanzmärkte effizient sind, und zeigt, wo ihre menschlichen Fehler liegen. In den Laboren der experimentellen Wirtschaftsforscher wurden schon viele Blasen beobachtet. Mit ein paar Computern, ein paar Versuchspersonen und den entsprechenden Anreizen, die einen Finanzmarkt simulieren, sind sie relativ schnell zu erzeugen. Ob das hilft, solche Übertreibungen besser vorherzusehen, darüber sind sich die Wissenschaftler noch nicht einig. Immerhin aber hat einer von ihnen, Robert Shiller, die Hauspreisblase und die New-Economy-Blase erkannt und glaubt, dass man das auch in Zukunft schaffen könnte. Der Deutsche Reinhard Selten ist da vorsichtiger. »Wir können die Blasen vielleicht nicht besser sehen als die anderen«, sagt er. »Aber wir können geeignete Institutionen finden, die solche Blasen verhindern.« Dabei könnten seiner Meinung nach Experimente im Labor, die Blasen simulieren, eine wichtige Rolle spielen. Das sei zwar teuer, doch im Prinzip könne man im Labor eine ganze Volkswirtschaft mit allen wichtigen Institutionen und Regelungen abbilden. »Im Vergleich zu manchen physikalischen Experimenten ist das immer noch billig«, sagt Selten. »Man müsste nur bereit sein, dafür Geld auszugeben.«

Ein weiterer Zweig der Volkswirtschaftslehre, der das wahre Verhalten der Menschen erforscht, ist die Neuroökonomie. Sie betrachtet das Gehirn des Menschen – ähnlich wie es auch Mediziner und Psychiater tun – und leitet daraus bestimmte Verhaltensweisen ab. Sie ist noch deutlich jünger als die Verhaltensökonomie, aber ebenfalls ein vielversprechendes Zukunftsprodukt.

Es ist also keineswegs alle Hoffnung verloren, dass die Ökonomie jemals versteht, was die Menschen und damit die Wirtschaft wirklich bewegt. Die Verhaltens- und die Neuroökonomie setzen genau an dem Punkt an, der dazu führt, dass viele Ökonomen Krisen nicht erkennen: am Menschenbild. Natürlich verhält der Mensch sich oft rational, manchmal sogar so rational, wie einige Ökonomen denken. Doch wo hört der Verstand auf, wo beginnt das instinkthafte Verhalten, der Herdentrieb? Und wie kommt es zu diesem irrationalen Verhalten, was sind die Auslöser dafür? Es ist eine Revolution im Gange – langsam, aber stetig –, die genau das klären will.

Alte Strukturen aufzubrechen ist allerdings beschwerlich für die lange belächelten Neulinge. Derzeit finden die Verhaltens- und die Neuroökonomie vor allem in der Mikroökonomie Anwendung, dort, wo sie zunächst einmal hingehören. Die Makroökonomen hingegen tun sich schwer mit den neuen Erkenntnissen über menschliches Verhalten. Das liegt daran, dass die von den Verhaltensökonomen gelieferten Ergebnisse bisher häufig unstrukturiert und zerstückelt sind. Noch gibt es wenige umfassende Theorien über den wirklichen Menschen, die man einfach in makroökonomische Modellwelten einbauen könnte. Und selbst bei denen, die es gibt, wird es schnell komplex. Die Rationalität und rationale Erwartungen waren Annahmen, mit denen sich gut rechnen ließ (vielleicht sind sie ja auch deshalb immer noch so beliebt). So sagt Paul Krugman über die Verhaltensökonomie: »Sie liefert eine Menge interessanter Einsichten, aber sie ist noch nicht allgemein genug, um damit Makroökonomie zu machen.«

Das sollte nicht Hindernis, sondern Ansporn sein. Wenn Makroökonomen das wahre Verhalten der Volkswirtschaften beschreiben wollen, müssen sie ihre strikten Annahmen über die Menschen dringend erweitern. Sie müssen herausfinden, in welchen Situationen und für welchen Zweck es angemessen ist, auf die neuen Erkenntnisse aus der Mikroökonomie zurückzugreifen. Eine Allgemeinheit zu erreichen, wie sie Krugman meint, sollte dringend angestrebt werden. Das ist eine Aufgabe, die die großen Experimentalforscher nur mit den großen Denkern und Theoretikern unter den Ökonomen gemeinsam erfüllen können, und es wird Zeit, dass sich mehr Volkswirte der Psychologie zuwenden. Die wichtigsten Fragen lauten dabei: Wann und wie bilden Menschen ihre Erwartungen über die Zukunft? Und wie beeinflusst das ihr Verhalten in der Gegenwart?

Nach den Erfahrungen der vergangenen Jahre kann man klar feststellen: Zum Erkennen und Verhindern von Krisen könnte eine neue, psychologisch fundierte Volkswirtschaftslehre sehr wichtig sein. Sie könnte helfen, die blinden Flecken der Ökonomen zu beseitigen, die im kurzfristig irrationalen und emotionsgesteuerten Verhalten der Menschen liegen. Dafür müssen die Volkswirte selbst jedoch erst einmal ihre Skepsis aufgeben gegenüber der Psychologie und den weichen Seiten ihrer Wissenschaft. Zwar sind vielfach jüngere Volkswirte durchaus interessiert an diesen Seiten, doch ältere, etablierte halten die experimentelle Wirtschaftsforschung und die Neuroökonomie für eine Art Spielerei, ein albernes Betätigungsfeld ohne viel Erkenntniswert. Natürlich nicht zu vergleichen mit der todernsten theoretischen Wissenschaft, die sie selbst betreiben. Dieses Vorurteil muss dringend abgebaut werden.

Dabei würde helfen, wenn auch die Verhaltensökonomen selbst dazu übergehen würden, sich ernster zu nehmen. Denn einige von ihnen neigen tatsächlich dazu, sich ins Klein-Klein spaßiger Experimente zu verlieren. Das ist nicht verboten und kann überraschende Ergebnisse zutage bringen. Doch sollten die Forscher auch wagen, ab und zu einmal die ganz großen Fragen zu stellen und sie mithilfe ihrer Experimente zu beantworten. Damit sind die Fragen der Makroökonomie ebenso gemeint wie diejenigen, die in der täglichen Politikberatung auftreten.

## Auf die Wirklichkeit neugierig sein

Ende der achtziger Jahre befragten die Ökonomen David Colander und Arjo Klamer für ihre Studie *The Making of an Economist* Studenten der Volkswirtschaftslehre an den Top-Universitäten Amerikas. Sie wollten von ihnen wissen, was wichtig ist, um als Volkswirt akademisch erfolgreich zu werden. Die Ergebnisse waren erstaunlich und erschreckend zugleich. So hielten es gerade einmal 3 Prozent der VWL-Studenten für sehr wichtig, sich mit der Wirtschaft um uns herum gut auszukennen. 68 Prozent glaubten, das sei für den akademischen Erfolg vollkommen unwichtig. Hingegen sahen es sage und schreibe 57 Prozent für zentral an, exzellent in Mathematik zu sein. Colander wiederholte diese Studie vor wenigen Jahren. Das Ergebnis war ähnlich, wenn auch etwas positiver. Gerade einmal 9,25 Prozent der Studenten glaubten, dass es dem akademischen Erfolg sehr hilft, Fakten aus der Wirtschaft zu kennen. Mehr als die Hälfte der Studenten hielt solche Kenntnisse hingegen für verzichtbar. Viel wichtiger war es ihnen, generell gut darin zu sein, Probleme zu lösen.

Die Befragung der Studenten spiegelt ein Problem der modernen Ökonomie wider. Den akademischen Volkswirten geht es zu oft um die Theorie, nicht um die Wirklichkeit. So ist es wenig verwunderlich, dass die nach der Krise am häufigsten geäußerte Kritik an den Ökonomen lautet, dass sie die Wirklichkeit aus den Augen verloren hätten. Diese Kritik ist berechtigt. Es gibt tatsächlich Lehrbücher, die vollkommen ohne Bezug zur wirklichen Welt auskommen und nur abstrakte Modelle erklären. Andere beinhalten zwar Beispiele aus dem wirklichen Leben, präsentieren sie aber eher als Exkurs, meist in einen Kasten ausgelagert, als Zusatzinformation für besonders eifrige Studenten und kurioserweise Interessierte. In den Prüfungen spielt diese Wirklichkeit kaum eine Rolle. Es ist möglich, sein Diplom als Volkswirt zu machen, ohne die geringste Ahnung zu haben, wie die Konjunktur in den vergangenen Jahren verlaufen ist, welche Industrien in Deutschland den Export treiben, wie der Dollarkurs steht oder ob es jemals Konjunkturprogramme in unserem Land gegeben hat. Geschweige denn, dass man lernen musste, wie Banken reguliert werden oder wie es zur Weltwirtschaftskrise 1929 kam. Für eine Reihe von Volkswirtschafts-Professoren gilt: Wenn sie sich mit der Wirklichkeit beschäftigen, so häufig nur, um dort Belege für ihre Thesen zu sammeln, Belege, die in ihr eigenes Weltbild passen. Was dabei herauskommt, nennen sie »stilisierte Fakten«. Die Weltwirtschaftskrise kommt darin übrigens ganz besonders selten vor, denn sie passt in kaum ein theoretisches Modell.

Viele Ökonomen schweben somit ein wenig über der Welt, die sie eigentlich erforschen. Sie abstrahieren so weit, dass die Realität auf der Strecke bleibt. Kein Wunder: Die theoretische Erkenntnis zählt in ihren Kreisen oft mehr als die praktische. Es sind die großen Theoretiker, die in den vergangenen Jahren den Nobelpreis erhalten haben, nicht die Wirtschaftshistoriker (mit Ausnahme von Douglass North und Robert Fogel im Jahr 1993, die allerdings auch für die Erneuerung wirtschaftsgeschichtlicher Forschung durch Anwendung ökonomischer Theorie ausgezeichnet wurden), die experimentellen Forscher (mit Ausnahme von Vernon Smith im Jahr 2002) oder die Empiriker (ebenfalls mit ein paar Ausnahmen). Dem Experimentalökonomen Reinhard Selten wurde der Nobelpreis für seine theoretischen Arbeiten verliehen. Paul Krugman, der sich stark in die amerikanische Politik einmischt, wurde 2008 ebenfalls für seine Theorien ausgezeichnet, nicht für seine Politikberatung.

Das führt dazu, dass es sich für jeden Ökonomen erst einmal lohnt, theoretisch zu arbeiten, nicht empirisch. Oder wie Paul Krugman es formuliert: »Es gehört zur Soziologie unseres Berufs, dass die Leute sich ihre ersten Sporen verdienen, indem sie sehr schwierige Dinge tun. Wir müssen einen anderen Weg finden.« Selbst die Ökonomen, die tatsächlich die Wirklichkeit erforschen, tun dies oft mit dem Ziel, die Theorie voranzubringen. So sind die experimentellen Wirtschaftsforscher zwar durchaus an der Wirklichkeit interessiert, aber vor allem, um durch ihre Laborexperimente bestehende Theorien über menschliches Verhalten zu bestätigen oder zu widerlegen. Ihr Ausgangspunkt ist die Theorie, nicht die Wirklichkeit. Ähnlich sieht es bei vielen Ökonometrikern aus, den Statistik-Freunden unter den Ökonomen. Sie wählen eine bestimmte theoretische These, etwa: weniger Kündigungsschutz bringt mehr Arbeitsplätze, und überprüfen sie anhand vorhandener Daten, entweder historisch oder im Ländervergleich. Das ist grundsätzlich gut, denn nur eine widerlegte Theorie kann durch eine neue, bessere ersetzt werden. Deshalb sind solche Studien wichtig.

Doch oft kommt dabei die Wirklichkeit etwas zu kurz. Denn sie dient nur noch selten dazu, ihre eigene Wahrheit zu offenbaren, sondern in erster Linie der Widerlegung oder der Bestätigung theoretischer Hirngespinste. Es wäre wünschenswert, wenn das theoretische Ergebnis nicht immer schon vor der Erforschung von Daten feststehen würde; wenn die Realität, und nicht die Theorie, einmal Ausgangspunkt der Forschung wäre. Sonst bleibt die Gefahr, dass die Wissenschaftler sich vor allem in Diskussionen über alte Probleme und Glaubenssätze ergehen, anstatt neue Entwicklungen zu sehen und darauf zu reagieren. Da die Ökonomie keine eindeutige Wissenschaft ist und sich Theorien durch ständige Studien und Gegenstudien immer wieder neu widerlegen und aufleben lassen, findet so manch alte Diskussion kein Ende – und andere, neue Themen werden darüber vernachlässigt.

Wie wichtig es ist, als Volkswirt generell mit den aktuellen Institutionen und Regeln der Volkswirtschaft vertraut zu sein, war in dieser Finanzkrise zu beobachten. Bei den Star-Ökonomen gab es ganz simple Wissensdefizite: Die meisten hatten wenig Ahnung von Finanzmärkten, bevor die Krise kam, kannten die Bankenregulierung nur in Ansätzen und hatten von Derivaten vielleicht schon einmal gehört, aber mehr nicht. Nun muss nicht jeder Ökonom die Details aller Branchen kennen. Dennoch ist die breite Unkenntnis der Regulierung und der Produkte der Finanzmärkte überraschend. Denn welcher Wirtschaftszweig hat sich ähnlich rasant in den vergangenen Jahren entwickelt? Und welcher wirkt ähnlich oft als Krisenauslöser und volkswirtschaftliches Risiko?

Nichtsdestotrotz haben bekannte deutsche Ökonomen dieses Thema weitgehend ignoriert, höchstens einmal in einem Thesenpapier abgehandelt oder in einem Vortrag in Fachkreisen erwähnt. Man kann lange darüber diskutieren, woran das lag. Doch was immer es ist: Auf jeden Fall haben die Ökonomen an den Universitäten, den Forschungsinstituten und in den Zentralbanken zu wenig die Wirklichkeit um sich herum beobachtet. Sie sollten viel häufiger völlig anders fragen als gewohnt. Nicht: Welche Theorie will ich einmal überprüfen? Sondern: Welche Entwicklung in der Wirklichkeit will ich mir einmal genauer anschauen?

Natürlich gibt es auch in Deutschland Forscher, die die Finanzmärkte längst genau beobachten. Die Deutsche Bundesbank und die Europäische Zentralbank sind für empirische Forschung rund um Finanzmarktstabilität, Krisen und Bankenregulierung zuständig. Doch besonders hervorgetan mit der Warnung vor Krisen auf ebendiesem Markt haben sie sich nicht. Das mag auch damit zusammenhängen, dass die Notenbanken ihre Bedenken vielleicht nicht immer nach außen getragen haben – schließlich sind sie selbst Akteure auf dem Finanzmarkt und wollen seine Stabilität nicht durch Warnungen gefährden. Doch das kann nicht alles sein. Denn hätten sie früh genug etwas geahnt, hätten sie sicherlich die Möglichkeit gehabt, den großen Zusammenbruch zu verhindern oder besser abzufangen. Das aber haben sie nicht geschafft. Ein Blick auf die Diskussionspapiere des Forschungszentrums der Bundesbank aus den vergangenen drei Jahren zeigt schon allein anhand der Vielzahl der in den Papieren vorhandenen Formeln: Auch dort existierte es eine große Liebe zur Theorie, die die Empirie teilweise verdrängte (obwohl es durchaus auch noch einige rein empirische Arbeiten gab).

Der Volkswirt soll von oben auf die Welt blicken. Das bedeutet aber nicht, dass er dabei beide Augen zukneifen kann, weil er sowieso alles ungefähr weiß und durch Nachdenken zu ergründen vermag. Um die Welt zu erklären, muss man die Welt auch mögen und neugierig auf ihre Eigenheiten sein. Das bedeutet insbesondere, dass man die Institutionen kennt, die eine Volkswirtschaft prägen, ihre Ausrichtung, ihre Geschichte. Das bedeutet, dass man wahrnimmt, wo die Theorie in der Realität an ihre Grenzen gelangt. Etwa, wenn die Information nicht so perfekt verteilt ist wie im Standardmodell der Ökonomen angenommen oder wenn Menschen Schwierigkeiten haben, ihre Zukunft vernünftig vorherzusehen. Mehr Realitätssinn und damit auch mehr Pragmatismus und weniger abgehobenes Theoretisieren, das würde den Ökonomen guttun. Anders formuliert: Es braucht nicht einfach mehr Empiriker unter den Volkswirten, sondern es braucht mehr Volkswirte, die sich auch für die Welt da draußen interessieren, und mehr Anerkennung für diese Gruppe.

## Krisen ernst nehmen

Krisen waren einmal der wichtigste Forschungsgegenstand für Makroökonomen. Sie zu erklären und Mittel zu ihrer Bewältigung zu finden, stellten die höchsten Ziele der Wissenschaft dar. Doch in den vergangenen Jahren haben sie für viele ihre Faszination verloren. Es gab nicht mehr so schwere Wirtschaftseinbrüche, und man glaubte, die Konjunktur im Griff zu haben, auch wenn man sie nicht erklären konnte. Welch ein Irrtum! Ein Punkt, den deshalb jeder Ökonom aus dieser Krise lernen sollte, ist, dass Krisen ernster sind, als die Forscher in den vergangenen Jahren vielfach gehofft und geglaubt haben. Und dass sie gerade deshalb nicht mehr einfach weiterhin ein Störfaktor in den sonst so perfekten ökonomischen Modellen der Welt sein können, ein exogener Schock, von dem niemand weiß, wo er herkommt. Sie müssen selbst zum Gegenstand der Forschung werden.

Dabei geht es nicht nur um die Bewältigung von Krisen, die ja spätestens seit der Weltwirtschaftskrise und John Maynard Keynes als wichtiges Forschungsgebiet erkannt wurde – und gerade wiederentdeckt wird. Es geht auch darum, wie Krisen entstehen, um den entscheidenden blinden Fleck der Volkswirtschaftslehre. Nicht dass kein Ökonom sich je darüber Gedanken gemacht hätte. Es gibt deren viele – und sie haben durchaus interessante Theorien hervorgebracht. Der Wirtschaftshistoriker Charles Kindleberger hat Krisen und ihren typischen Verlauf beschrieben. In einem schmalen Büchlein mit dem Titel *A Short History of Financial Euphoria* widmete sich auch John Kenneth Galbraith auf unterhaltsame Art und Weise den wiederkehrenden Eigenschaften von Finanzmanien und Crashs. In der Einleitung schreibt er: »Die Geschichte des großen spekulativen Booms und seiner Folgen ändert sich in Kleinigkeiten. Viel, viel mehr bleibt gleich.« Besonders schematisch hat sich Hyman Minsky um die Morphologie und den Verlauf der typischen Krise gekümmert. Doch die

Thesen dieser Krisenkenner wurden vergessen, vernachlässigt, zum Teil sogar belächelt. Nicht wenigen Ökonomen galten Krisenforscher als eine Sorte Wissenschaftler, die sich auf beinahe esoterischem Gebiet bewegten.

Das ist nun vorbei, und die Kenner der Krisen sind wieder gefragt. Doch das kann nicht alles sein. Die Wissenschaft muss das Thema wieder für sich entdecken – und die Krisen intensiver erforschen. Sie kann sich nicht länger darauf ausruhen, dass solche plötzlichen Notzeiten der Wirtschaft unerklärlich sind – oder jedes Mal einen anderen Grund haben. Sie muss sich damit beschäftigen, wie man Gefahren künftig besser erkennen kann. Das betrifft zuallererst die Konjunkturforscher, die ihre Methoden verbessern müssen und einen anderen Fokus brauchen. Sie sollten sich weniger auf die exakte Vorhersage konkreter Wachstumszahlen konzentrieren und stattdessen Risiken eingehender betrachten, vielleicht in Form von Szenarien. Es geht aber auch die sonstigen Makroökonomen und die Finanzmarktökonomen etwas an. Krisen und Depressionen – auch in Industrieländern – müssen wieder der erste und wichtigste Forschungsgegenstand werden. Der übertriebene Stabilitätsoptimismus der vergangenen Jahre ist nicht mehr angebracht. Oder, wie es schon Keynes so schön sagte: »Die Volkswirte machen es sich zu leicht und machen ihre Aufgabe zu wertlos, wenn sie uns in stürmischen Zeiten nur sagen können, dass, nachdem der Sturm lange vorüber ist, der Ozean wieder ruhig sein wird.«

## Nicht übertreiben mit der Mathematik

Das Erste, was ein junger Volkswirtschafts-Student lernt, ist, mathematische Modelle zu konstruieren, Kurven von Angebot und Nachfrage herzuleiten und abzuleiten. Das Grundstudium besteht zum größten Teil aus Kurvendiskussion und Statistik – also aus Mathematik. Der Student staunt über die vielen Formeln und das seltsam schematisierte Verständnis der Welt und fragt sich, ob er denn irgendwann auch etwas über die echte Volkswirtschaft lernt. Ein wenig besser wird es später tatsächlich; da machen die Professoren ab und zu einmal Exkurse ins tatsächliche Wirtschaftsgeschehen. Doch die Mathematik bleibt, und sie wird sogar immer komplizierter (auch wenn die Mathematik der Ökonomen für Mathematiker ein Kinderspiel ist).

Dagegen ist an sich nichts zu sagen. Die Mathematik ist eine Methode, um logisch zu denken, eine gute Methode, um Gedanken zu sortieren und so aufzuschreiben, dass auch andere sie nachvollziehen und bei Bedarf widerlegen können. Sehr viele Wissenschaften bedienen sich der Mathematik, allen voran die Physik, das große Vorbild der Ökonomie. Aber mit der Mathematik ist es so wie mit den meisten Methoden, die irgendwann einmal als gut erkannt wurden: Wenn sie exzessiv angewandt und dominant werden, verkehren sie sich irgendwann ins Gegenteil und wirken schädlich. Im Falle der Mathematik kann es zum Beispiel sein, dass man sich mit ihrer Hilfe allzu leicht in intellektuelle Puzzles hineinsteigert, die zu lösen zwar ähnlich viel Freude bereitet, wie ein sehr schwieriges Kreuzworträtsel zu knacken. Aber sie sind auch – wie dieses Kreuzworträtsel – ziemlich irrelevant für die Welt um uns herum. Es gibt dafür vielleicht die Anerkennung einer Handvoll kluger Kollegen oder sogar von Mathematikern, doch für das eigentliche Ziel der Ökonomie bringt die Lösung solcher Puzzles kaum etwas: die Wirtschaft zu verstehen, zu steuern und vielleicht auch ein wenig zu verbessern.

Mit der Mathematik ist es zudem so, dass sie häufig Anlass zu Theorien und Gegentheorien bietet – und jeder kann seine eigene Sichtweise mathematisch belegen. So kommt es, dass der Wirtschaftsweise Peter Bofinger fordern kann, die Löhne müssten mittelfristig steigen, damit Deutschland aus der Misere kommt (nämlich durch den Konsum der dann besser verdienenden Deutschen, welcher das Wachstum antreiben würde). Der Ifo-Präsident Hans-Werner Sinn hingegen fordert, es müsse über kurz oder lang einen richtigen Niedriglohnsektor geben, damit Deutschland aus der Misere kommt (denn das senke die Arbeitslosigkeit für Geringqualifizierte, entlaste die Unternehmen von Sozialbeiträgen, mache dadurch deutsche Arbeitskräfte billiger und den Standort Deutschland für Investoren begehrter, die Folge sei Wachstum). Beide Theorien – da kann man sicher sein – kann man bei Bedarf mit schönen Kurven und präzisen mathematischen Ableitungen belegen. Das hat selbstverständlich seine Vorteile. So kann jeder, der sich ein bisschen mit Ökonomie auskennt, nachvollziehen, auf welchen Annahmen die Forderungen beruhen – und wann sie falsch liegen oder wo sie zumindest angreifbar sind. Das allein ist aber Irrsinn und eine theoretische

Spielerei. Diese muss dringend unterstützt werden durch Tatsachen und Fakten: entweder durch einen Vergleich verschiedener Länder, die Ähnliches schon einmal ausprobiert haben, oder durch eine Betrachtung historischer Daten. Sonst wird die Ökonomie zu einer Wissenschaft, in der jeder seine Glaubensrichtung vertreten und durch mathematischen Beweis belegen kann. Forscher wie Sinn und Bofinger versuchen das selbstverständlich. Doch oft sind solche empirischen Belege höchstens eine illustrierende Beigabe, reichlich willkürlich gewählt und nicht gerade systematisch erhoben.

Das heißt nicht, dass jetzt alle Ökonomen die Theorie und ihre mathematischen Modelle aufgeben sollten. Nein, wahrscheinlich braucht jede Wissenschaft ihre Spielereien, die Physik etwa in der String-Theorie, die mit hypothetischen Modellen versucht, die komplette Physik einheitlich zu erklären. Der Beweis, dass sie stimmt, wird wohl noch lange ausstehen. Die Ökonomie hat ihre eigenen ausgesprochen mathematischen, für die meisten Menschen unverständlichen Modelle, die wie die String-Theorie eine Utopie sind. Sie drücken den Wunsch der Wissenschaftler nach einer alles erklärenden Theorie aus, nach einem vollkommenen Modell der Wirtschaft. Doch die Ökonomen übertreiben es manchmal mit der hypothetischen Modelliererei. Das gilt insbesondere dann, wenn sie die Welt nicht mehr so modellieren, wie sie sich am Treffendsten vereinfachen lässt, sondern so, wie man sie eben mathematisch am Raffiniertesten modellieren kann. Die rationalen Erwartungen sind dafür ein gutes Beispiel. Sie lassen sich wahnsinnig gut in Modelle einpassen. Doch sind sie deshalb zutreffend?

Reinhard Selten, der seinen Nobelpreis einst selbst für seine spieltheoretischen Theorien erhielt, sagt: »Die Wirtschaftstheorie ist zum Teil zu sehr in abstraktes Modellieren geraten. Die mathematische Methodik ist sinnvoll, aber sie darf nicht um ihrer selbst Willen angewandt werden.« Der Wirtschaftshistoriker Charles Kindleberger schreibt in seinem Werk *Historical Economics*: »Ich glaube an Modelle, aber auch daran, sie, wie Windeln, öfter zu wechseln.« Ein wirklich guter Ökonom wäre demzufolge jemand, der es auch einmal fertigbringt, sein eigenes Modell zu falsifizieren – und danach ein besseres aufzustellen. Doch das will so gut wie niemandem gelingen. Kurz und knapp: Der Empiriker und der Wirtschaftshistoriker müssen in der Wissenschaft genauso Geltung haben wie der große mathematische Theoretiker. Sie dürfen nicht nur dazu da sein, bestehende Theorien zu bestätigen. Sie müssen ihren eigenen Nutzen haben. Davon ist die Wissenschaft noch weit entfernt.

## Aus der Wirtschaftsgeschichte lernen

Wie viel wusste wohl der Durchschnittsdeutsche über die Weltwirtschaftskrise der dreißiger Jahre, bevor die derzeitige Krise, die zweite Weltwirtschaftskrise, begann? Einige wenige Geschichtsinteressierte werden sich jetzt selbst auf die Schulter klopfen. Die meisten anderen müssen zugeben: Wenig, erschreckend wenig war ihnen bekannt. Das gilt für den Normalbürger ebenso wie für den gewöhnlichen Ökonomen. Zwar gibt es unter Volkswirten gerade in Amerika einige Kenner der ersten Weltwirtschaftskrise: Ben Bernanke, der amerikanische Notenbankchef, zum Beispiel, oder Christina Romer, die Leiterin des *Council of Economic Advisers*, des Ökonomenstabs von Präsident Obama. Doch der Durchschnittsökonom kennt die Wirtschaftsgeschichte nur wenig besser als der Durchschnittsakademiker jeglicher anderer Studienrichtung. Er weiß mehr über den wirtschaftlichen Zustand der Entwicklungsländer und Osteuropas heute als über Deutschlands Wirtschaft vor fünfzig Jahren. Er kennt von der Geschichte vor allem das, was er selbst miterlebt hat.

Selbstverständlich kann er mehr darüber lernen. Seminare und Kurse in Wirtschaftsgeschichte gibt es beinahe an jeder Universität. Doch es ist zur Erlangung des Diplomzeugnisses nicht notwendig, über die Gründe für das Wirtschaftswunder in Deutschland nach dem Zweiten Weltkrieg oder für die erste große Rezession in den siebziger Jahren genau Bescheid zu wissen. Das ist bedauerlich, denn die Ökonomie ist immer noch eine Sozialwissenschaft. Da sie nur einen Teil ihres Gegenstands mithilfe von Experimenten untersuchen kann, muss sie vor allem auf die Vergangenheit zurückgreifen, um Erkenntnisse zu gewinnen. Daten gibt es genügend, auch wenn die Makroökonomen immer wieder das Klagelied über deren mangelndes Vorkommen anstimmen. Es ist noch viel vorhanden, was ausgewertet werden kann.

Grundsätzlich gibt es zwei Arten, sich mit Wirtschaftsgeschichte zu beschäftigen. Erstens mit dem Blick des Historikers, der sich intensiv in die Daten der Vergangenheit einarbeitet, um daraus Erkenntnisse zu gewinnen, wie die Wirtschaft funktioniert. Zweitens mit dem Blick des Theoretikers, der schon eine Vorstellung hat, wie die Wirtschaft funktioniert, diese Theorie aber an der Wirklichkeit messen will. Gerade die zweite Herangehensweise hat in den vergangenen Jahrzehnten an Bedeutung gewonnen, insbesondere durch den an den Hochschulen immer intensiver gelehrten Werkzeugkasten der Ökonometrie (hier ist wieder Mathematik im Spiel). Es ist sehr zu begrüßen, wenn die Theorie sich an der Wirklichkeit messen muss und darüber anhand von harten Fakten heftig debattiert wird. Deshalb sind die Einwände, die vonseiten vorwiegend älterer Ökonomen gegen die Ökonometrie vorgebracht werden, meist hanebüchen. Allerdings darf es nicht der einzige Zweck der Wirtschaftsgeschichte sein, dass sie als Material zum Theorietest gebraucht wird. Sie muss weiterhin auch das sein können, was sie jahrhundertelang für viele große Denker war: Inspiration für völlig neue Theorien und Hintergrund, um aktuelle Entwicklungen einordnen zu können. Dafür allerdings muss man sie erst einmal zumindest in groben Zügen kennen.

Das könnte im Übrigen auch helfen, zwei Effekte zu beseitigen, die in dieser Krise eine große Rolle gespielt haben: die Tendenz dazu, der jüngeren Vergangenheit zu viel Gewicht beizumessen und darauf zu vertrauen, dass es immer so weitergeht, und der unbedingte Glaube an die eigenen Theorien. Denn wer die Wirtschaftsgeschichte studiert, wird dort viele Widersprüche entdecken, viele Ungereimtheiten, die nicht in die traditionellen Schemata der Ökonomen passen. Hätten mehr Volkswirte Wirtschaftsgeschichte studiert, wären vielleicht mehr von ihnen auf diese Passage aus dem Buch *Historical Economics* des großen Wirtschaftshistorikers Charles Kindleberger gestoßen:

> Die Geschichte zeigt eine ausgeprägte Tendenz von Märkten, Menschen und Ideen zu übertreiben. Moderne Ökonomen beharren darauf, dass der Mensch als rational zu betrachten sei. Der Großteil der Ökonomie funktioniert am besten, wenn menschliche Rationalität angenommen wird (...). Aber es gab Zeiten, als diese Hypothese in die Irre geführt hat: Die Tulpenmanie, die Mississippi-Blase, die Südsee-Blase, die Kanalmanie, die Eisenbahnmanie, ›neue Epochen‹, und Finanzkrise auf Finanzkrise, in denen das Objekt der exzessiven Begeisterung gewöhnlicher war, wie etwa im Aktienboom 1928 bis 1929 und 1982 bis 1987. Die Details unterscheiden sich, aber das Muster zeigt eine starke Familienähnlichkeit.

Ja, es gab Ökonomen, die die Geschichte ernst genug genommen haben, um aus der Erfahrung heraus ökonomische Glaubenssätze zumindest teilweise infrage zu stellen. Die Wirtschaftsgeschichte zeigt, dass Theorien der Ökonomie immer nur eine Annäherung sein können und niemals dazu dienen können, perfekte Vorhersagen zu machen. Das sollte jeder angehende Volkswirt wissen. Kindleberger begründet seinen Wunsch nach mehr Wirtschaftsgeschichte im Curriculum der Universitäten so: »Mein Interesse ist es nicht, Wirtschaftshistoriker zu produzieren, sondern eher die Starrheit der modernen technischen Ökonomie abzuschwächen, indem sie einer ziemlich breiten Spanne ökonomischer Erfahrung ausgesetzt wird.«

So sieht es übrigens heute auch ein so einflussreicher Ökonom wie Paul Krugman. Er sagte in seiner Vorlesung an der *London School of Economics* über das künftige Forschungsprogramm der Ökonomen: »Wir können viel tun, indem wir uns darauf zurückbesinnen, wirklich die Geschichte anzuschauen.« Die Makroökonomie habe einmal genau so begonnen, nämlich indem sie Phänomene wie Krisen im Rückblick genau betrachtet habe. »Lasst uns gucken, was passiert ist und wie eine Durchschnittskrise aussieht«, meint Krugman. Als Vorbilder nennt er seine Kollegen Kenneth Rogoff und Carmen Reinhart, die in mehreren Arbeiten systematisch vergangene Krisen betrachteten und deren übereinstimmenden Eigenschaften beschrieben. Sie haben damit viel Aufsehen erregt – vor allem, da Rogoff bisher eher für theoretische Arbeiten bekannt war. Krugman hat Recht. Genau solch eine Herangehensweise ist notwendig, wenn eine Wissenschaft an einem Punkt angekommen ist, an dem sie die Orientierung verloren hat. Wer weiß, vielleicht ist das die Grundlage dafür, dass irgendwann einmal eine neue, bessere Theorie entstehen kann.

## Die Dogmengeschichte kennenlernen

Bis vor kurzem konnte zwar niemand Volkswirt werden, ohne irgendwann einmal den Namen John Maynard Keynes gehört und etwas über seine Theorien erfahren zu haben. Doch man konnte durchaus Volkswirt werden, ohne zu wissen, dass Keynes' großes Werk *Allgemeine Theorie der Beschäftigung, des Zinses und des Geldes* die Ökonomie revolutioniert hat, und ohne auch nur im Geringsten zu ahnen, wann dieser Keynes gelebt hat und wieso er gerade damals seine Theorien entwickelte. Nach dieser Krise ist es ein bisschen anders. Mittlerweile wird wohl jeder VWL-Student mitbekommen haben, dass Keynes der große Ökonom der ersten Weltwirtschaftskrise war. Über die sonstigen Vordenker der Volkswirtschaft weiß er aber immer noch nichts. Der heutige Volkswirt kann – wenn wir einmal die andere Seite des ökonomischen Spektrums betrachten – sein Diplom mit der Note 1,3 bestehen, ohne auch nur eine Idee davon zu haben, wann Friedrich August von Hayek gelebt hat und dass er Keynes' großer Gegenspieler war. Von Adam Smith, dem Begründer der Nationalökonomie, wird man im Fach Politologie Genaueres erfahren als in vielen Ökonomie-Vorlesungen. Auch die anderen großen Ökonomen lernt kaum noch ein Student mit ihrem Lebenslauf oder gar einer zeitlichen Einordnung kennen. Weder Joseph Schumpeter noch David Ricardo, Léon Walras, Paul Samuelson, Ronald Coase oder Milton Friedman – um nur einige berühmte Namen zu nennen.

Abgesehen von einzelnen Zitaten, die die Professoren ab und zu fallen lassen (»In the long run, we are all dead«, Keynes), und von Modellen und Theorien, die die Namen berühmter verflossener oder ergrauter Volkswirte tragen (das Solow-Wachstumsmodell, das Stolper-Samuelson-Theorem, die Walras-Identität und so weiter), sind die Vordenker der Volkswirtschaft seltsam abwesend in der Volkswirtschaftslehre. Nur ihre abstrakten Ideen werden als Teil eines stimmigen Gesamtbilds präsentiert – wobei man aber nicht einmal sicher sein kann, dass das, was da als ihre Idee präsentiert wird, auch wirklich noch vollständig ihrer Idee entspricht. Das gilt besonders für alles, was heute keynesianisch genannt wird und zum Großteil von Keynes-Nachfolgern aus seinem Werk abgeleitet wurde. Es ist allerdings schwierig für die Studenten, das zu beurteilen, denn es wird ihnen nichts an die Hand gegeben, womit sie die Bedeutung des Denkers selbst ergründen könnten. Wenn sie sich in die Originalliteratur stürzen möchten, so ist das ihr Privatvergnügen. Für die Klausur bringt es nichts.

Das ist vielleicht gar nicht so schlimm. Adam Smith im Original zu lesen ist nicht für jeden ein Vergnügen. Doch die Ökonomie ist keine exakte Wissenschaft ist wie etwa die Physik. Wäre sie es, dann könnte man die reine Lehre verkünden und ihre Urheber und Erfinder weitgehend vernachlässigen oder nur noch mit den Modellnamen ehren. Wer die Relativitätstheorie lernt, muss nicht Leben und Hintergrund ihres Erfinders Albert Einstein kennen (obwohl das selbstverständlich auch sehr interessant ist). Doch die Ökonomie ist nicht exakt. Immer wieder greift sie auf alte Theorien zurück, die im Lichte neuer Ereignisse wieder modern erscheinen. Ideen, die als überholt galten, erleben Renaissancen, passen plötzlich wieder; altbekannte Glaubenssätze sind auf einmal ungültig. Die Volkswirtschaftslehre kommt langsam voran. Es gibt nur wenige echte Wahrheiten. Und ihre Entwicklung hängt sehr eng an dem, was in der Wirtschaft passiert: ob es große Krisen gibt, lange Phasen des Wachstums, große offensichtliche Irrtümer von Wirtschaftspolitikern.

Deshalb sollten Ökonomen die Dogmengeschichte zumindest in groben Zügen kennen. Sie sollten wissen, wieso wann welche Theorien aufkamen und dominant wurden, was diese erklären sollten und konnten und wann man herausgefunden hat, dass sie auch Grenzen haben. Gerade in der Makroökonomie hängen Wirtschafts- und Dogmengeschichte so eng zusammen, dass es interessant wird. Was änderte sich im ökonomischen Denken in Reaktion auf die Weltwirtschaftskrise? Welchen Einfluss hatten die Weltkriege? Welchen die große Inflation in den siebziger Jahren? All das hilft, die Volkswirtschaftslehre und ihre Dogmen besser verstehen und einordnen zu können – und sie zu begreifen als eine evolutionäre Wissenschaft, die nach vorne strebt, aber auch immer wieder einst Verworfenes wiederentdeckt. Ein wenig von der Ideengeschichte zu wissen hilft auch dabei, die Volkswirtschaftslehre als das zu begreifen, was sie ist: eine Sozialwissenschaft, die sich größte Mühe gibt, aus dem Verhalten der Menschen in der Wirtschaft ein paar grundlegende Tendenzen herzuleiten, die vielleicht auch in Zukunft gelten.

## Studenten teilhaben lassen

Es gibt durchaus einige Ökonomen, die versuchen, all die bisher genannten Punkte in ihrer Arbeit zu berücksichtigen. Wenn man sich mit ihnen unterhält, sind sie vielseitig gebildet, denken Geschichte und Dogmengeschichte mit, vernachlässigen den Menschen in ihrer Forschung nicht und kennen genau die Grenzen der Rationalität. Doch sie lassen vielleicht Journalisten, aber nicht unbedingt ihre Studenten daran teilhaben. In ihren Kursen und Vorlesungen unterrichten sie weiterhin das, was als Standard der Volkswirtschaftslehre gilt – ohne es auch nur ein wenig aufzuweichen und zu ergänzen. Sie vermitteln als Grundlage der Wissenschaft weiterhin das eine stimmige Weltbild, das vollkommene Modell von der Wirklichkeit, die große ewige Wahrheit. Sie zu relativieren überlassen sie der Einsicht der Studenten selbst oder Spezialkursen im Master-Studium.

Das ist bedauerlich, denn so unterschätzen sie ihre Studenten. Die fühlen sich oft, als würden sie erst einmal indoktriniert, bevor sie wieder selbstständiges Denken lernen dürfen; als müssten sie erst einmal komplizierte mathematische Modelle mit offensichtlich schwachsinnigen Annahmen pauken, um dann die Wirklichkeit durch diese Brille betrachten zu dürfen. Wäre es nicht sinnvoller, wenn die Professoren von Anfang an ehrlicher zu ihren Studenten wären? Nichts gegen Modelle. Sie sind ein zentrales Element der Volkswirtschaftslehre. Aber der Professor sollte auch lehren, wo sie Anwendung finden, wieso sie zu welcher Zeit erfunden wurden, wie man sie auf die heutige Zeit übertragen kann und wo ihre Grenzen sind. Ein Crashkurs zur Wirtschaftsgeschichte wäre ebenfalls angebracht, um das Interesse für bestimmte Probleme zu wecken. Ökonomie kann so interessant sein. Wenn man sie nur interessant sein lässt – und dies seinen Studenten vermittelt. Auch ein Ausflug zur aktuellen wirtschaftlichen Lage schadet keiner Vorlesung, sondern macht sie besser. Die Studenten werden es ihren Professoren danken.

## Bücher schreiben, nicht nur Papers

Wer heute als Volkswirt etwas werden will, muss wissenschaftliche Aufsätze in berühmten, am besten amerikanischen Zeitschriften veröffentlichen. Das ist eine gute Sache. Denn es fördert den Gedankenaustausch der Volkswirte, wenn Forscher überall auf der Welt gemeinsame Publikationsorgane haben, in denen sie veröffentlichen und die sie lesen. Deshalb ist es zu Recht ein Maßstab für die Qualität eines Ökonomen, wie viele Artikel in Fachzeitschriften er veröffentlicht hat und wie oft er in anderen Artikeln zitiert wird. Relativ irrelevant für die akademische Karriere ist es hingegen, ob er schon einmal ein Sachbuch geschrieben hat, das den Nicht-Experten die neuesten Erkenntnisse der Wissenschaft nahebringt. Somit ist es verständlich, dass nur noch wenige Ökonomen Bücher herausbringen, die für den Massenmarkt bestimmt sind. (Ausnahmen sind in Deutschland die Star-Ökonomen und Kontrahenten um die Meinungshoheit Peter Bofinger und Hans-Werner Sinn.)

Das ist bedauerlich. Denn ein Buch zwingt seinen Autor zu zweierlei: sich mit einem Thema zu befassen, das in der Wirklichkeit eine Rolle spielt, nicht nur in Forscherkreisen; und sich ein Thema etwas genereller und breiter anzuschauen als für einzelne Forschungsarbeiten üblich, die meist sehr speziell sind und eher ins Detail gehen denn in die Breite. Es ist der große Blick, der häufig fehlt, wenn ein Volkswirt immer nur am nächsten Paper schreibt. Dieser Blick ist aber ungemein wichtig, etwa wenn es um Krisen geht oder generell darum, Gefahren aufzuspüren. Erst wenn man sich einer Frage von vielen Seiten genähert hat – und dazu zwingt das Buch –, gewinnt der Forscher die Sicherheit, die er braucht, um laut und deutlich vor Schwierigkeiten zu warnen. Zudem gelingt es ihm nur so, eine breitere öffentliche Aufmerksamkeit für wirtschaftliche Themen zu erreichen.

## Mehr Bescheidenheit und mehr Skepsis

Ökonomen gelten als arrogant, überheblich, manchmal sogar unerträglich. Insbesondere die in der Öffentlichkeit bekannten Volkswirte treten so selbstbewusst auf, dass man einen Schreck bekommen kann, wenn man beim Zappen im Fernsehen nichtsahnend auf einem Kanal landet, auf dem gerade ein Interview mit einem ihrer Vertreter läuft. Schnell bekommt man den Eindruck, dass es einer gewissen Dreistigkeit bedarf, um als Ökonom berühmt zu werden. Man muss bereit sein, mit größter Überzeugung punktgenaue Prognosen über künftiges Wachstum in die Mikrophone abzugeben, obwohl man weiß, dass diese Prognosen höchstens mit viel Glück so ähnlich eintreffen werden. Und man muss offenbar außerdem die eigene Meinung mit einer solchen Sturheit vertreten, dass der eigene Auftritt eher an eine Predigt erinnert denn an die Einschätzung eines Wissenschaftlers. Die amerikanische Ökonomin Deirdre McCloskey berichtet von einem Physiker namens Richard Palmer, der nach einer Konferenz mit Volkswirten, die er besucht hatte, feststellte: »Ich dachte bisher, dass Physiker die arrogantesten Leute auf der Welt sind. Aber die Ökonomen waren eher noch arroganter.«

Mögliche Gründe für dieses Verhalten gibt es viele. Vielleicht liegt es gerade daran, dass Ökonomen so viele Wissenslücken haben, so viele blinde Flecken aufweisen, dass sie meinen, sie mit Arroganz überspielen zu müssen. Oder sie haben erfahren, dass man in der Politik und in den Medien umso mehr bewegt, je angriffslustiger man ist und je beständiger man seine immer gleichen Weisheiten herunterbetet. Dabei kommt ihnen zugute, dass es in der Ökonomie sehr schwierig ist, vollständig widerlegt zu werden.

Was auch immer der Grund war, die Besserwisserei einiger prominenter Ökonomen hat sich spätestens in der Krise als haltlos erwiesen. Denn keinesfalls haben sie alle Gefahren vorhergesehen und wurden bloß nicht angehört. Sie sind vielmehr selbst von den Ereignissen überrascht worden. Während sie lautstark jahrelang tönten, die Politik müsse Arbeit weniger besteuern und die Sozialsysteme reformieren (was sicherlich auch richtig ist), übersahen sie, dass etwas viel Gefährliches auf uns zukam als nur die älter werdende Bevölkerung.

Eine bescheidenere Haltung ist nun angebracht. Kein Rückzug, nein, Wirtschaftskenner sind nun gefragter und wichtiger denn je. Aber es ist eine Rückbesinnung notwendig darauf, was die Wissenschaft kann – und wo ihre Grenzen liegen. Die Überzeugung, die moderne Makroökonomie habe alle Mittel, um eine schwere Krise zu verhindern, hat sich als falsch herausgestellt. Sie war eher Wunschdenken als Wirklichkeit. Auch die Überzeugung der Konjunkturprognostiker, wenigstens ungefähr das Richtige vorherzusehen, wirkt in dieser Situation nur noch lächerlich. Es ist Zeit für eine bescheidenere, sachlichere Ökonomie, die anerkennt, dass sie längst nicht alles weiß. Es ist Zeit für Ökonomen, die sich nicht zu schade sind, auf ihre eigenen Grenzen hinzuweisen. Das gilt insbesondere für Prognostiker, die öfter und intensiver mit verschiedenen Szenarien agieren sollten, um zu zeigen, unter welchen Annahmen die Wirtschaft sich besonders gut oder schlecht entwickelt; die dafür sorgen müssen, dass ihre Wachstumszahlen nicht überall für bare Münze genommen werden. Es ist Zeit für Finanzmarktökonomen, die genau erläutern, wann ihre so schön konstruierten Risikomodelle scheitern und das ganze System mit in den Abgrund reißen könnten; die in ihren Aufsätzen darlegen, unter welche Annahmen die auf dem Papier errechnete Stabilität des Finanzsystems nicht mehr gegeben ist.

Dieser Aufruf zu etwas mehr Bescheidenheit sollte nicht falsch verstanden werden. Es geht nicht darum, dass die Volkswirte sich nun demnächst fein zurückhalten mit ihrer Meinung und ihren Empfehlungen. Vielmehr sollten sie kritischer sein, skeptischer. Sie sollten sich nicht schämen, althergebrachte Weisheiten infrage zu stellen – und dann auch den Mut haben, eine abweichende Meinung zu vertreten. Denn viele Ökonomen sind (wie so viele andere Menschen auch) betriebsblind und haben sich der Mehrheitsmeinung untergeordnet. Sie kämpfen starrköpfig vor allem gegen die da draußen, gegen die Politiker, die nicht einsehen wollen, was jetzt alles getan werden muss, damit die Wirtschaft wieder läuft. Natürlich, es gibt auch ein paar Grundkonflikte, die die Ökonomen untereinander ausfechten. Keynesianismus versus Neoklassik ist so einer – der Kampf der zwei Grundströmungen der Makroökonomie. Doch es scheint, als steckten die Volkswirte fast all ihren Kampfgeist in genau diesen einen alten Konflikt. Ansonsten werden die Wahrheiten der großen Vordenker aus Amerika allzu oft als gegeben angenommen und mit Begeisterung und fester Überzeugung nach außen getragen, fast wie Glaubenssätze verkündet. Dabei sind viele davon schon für den gewöhnlichen Menschen reichlich hanebüchen. Zum Beispiel ist lange bewiesen, dass Menschen solche rationalen Erwartungen, wie die Ökonomen sie modellieren, nicht haben, nicht einmal annähernd ist das der Fall. Doch das Abweichen von der allgemeinen akademischen Meinung ist für den jungen Ökonomen, der noch Karriere machen will, nicht opportun. Vielmehr sind kleine Veränderungen und Verbesserungen sein Metier. Wenn er kritisiert, dann tut er es nur zaghaft, vorsichtig, im Nebensatz.

Auf diese Weise kann geschehen, was geschehen ist. Eine Krise bricht aus, von der viele ein Stück gesehen, aber nichts gesagt haben. Um gegen die Politik anzureden, war der Mut groß genug. Doch um gegen die Stars des eigenen Faches, um gegen die allgemeine Meinung unter den Wissenschaftlern anzutreten, reichte der Mut nicht. Vielleicht ist das normal und man sollte lieber dafür sorgen, dass mehr Leute die Probleme erkennen. Doch hier soll einmal betont werden, wie wichtig es ist, im entscheidenden Moment auch einmal aus der Konformität auszubrechen, dem Gruppendruck zu widerstehen. Manchmal lohnt es sich.

## Kann die Ökonomie sich verändern?

An Ideen für eine neue, menschlichere Ökonomie mangelt es nicht. Doch es gibt auch ganz erhebliche Beharrungskräfte. Professoren gehen in Verteidigungshaltung: Sie erklären, es seien keine Veränderungen an der Wissenschaft und ihrer Modelle notwendig; man habe schon sein bestes gegeben; manche Gefahren seien eben nicht vorhersehbar. Wer es doch versuche, sei ein Quacksalber und vergeude seine Zeit. Oder sie behaupten, sie hätten doch dieses Mal wirklich alles im Vorfeld gesehen. Sie hätten immer mal wieder vor der immensen Verschuldung der Amerikaner gewarnt, die Politik des billigen Geldes kritisiert oder die Bankenregulierung als möglicherweise zu lasch identifiziert. Die Politiker und die Journalisten hätten einfach nicht richtig zugehört. Teils mag das stimmen, doch müssen diese Ökonomen sich auch fragen, wieso sie nicht gehört wurden. Die Öffentlichkeit ist nicht blind und taub und durchaus empfänglich für Katastrophenmeldungen. Meist fehlte den Warnungen der Forscher der Nachdruck; die feste eigene Überzeugung, dass es wirklich so weit kommt; ein Krisenszenario, das erschreckend und überzeugend zugleich war. Vielen Ökonomen fällt es schwer, dies zuzugeben, stellen sie sich damit doch selbst infrage.

Deshalb wird eine Veränderung in der Wissenschaft sehr schwierig werden. Dennis Snower vom Institut für Weltwirtschaft hofft, dass sich etwas tut, doch er ist auch sehr skeptisch. »Es dauert lange, bis ein Ansatz, der total geherrscht hat, weicht«, sagt er. Selten seien etablierte Wissenschaftler von neuen Ideen bekehrt worden. »Fortschritt geschieht meist, indem neue Wissenschaftler kommen und alte aussterben. Das stimmt mehr, als wir wahrhaben wollen.«

Vielleicht (und hoffentlich) ist er da allzu pessimistisch. Denn die Revolution in der Wissenschaft ist längst im Gange. Verhaltensökonomen schauen sich genau an, wie Menschen in bestimmten Situationen reagieren. Die Wirtschaftsgeschichte wird wieder hervorgekramt und ernst genommen. Die Altmeister der Krisentheorie werden wiederentdeckt. Ökonomen schreiben wieder Bücher. Es ist die Krise, die den neuen Schwung bringt, denn sie hat einige Theorien zumindest in Teilen, wenn nicht ganz widerlegt. Viele moderne Ökonomen werden daraus Konsequenzen ziehen. Sie werden keine Perfektion erreichen, sie werden immer wieder

Krisen nicht vorhersehen, denn ihr Forschungsgegenstand ist und bleibt unglaublich kompliziert. Doch sie versuchen, besser zu werden – und eigentlich liegt das nahe. Denn Ökonomen sind stolz darauf, dass ihr Fach zu einer Wissenschaft werden konnte, die Theorien aufstellt, die widerlegbar sind. Sie sind stolz darauf, dass sie sich an der Wirklichkeit messen lassen können. Dann sollen sie nun auch beweisen, dass sie tatsächlich dazu in der Lage sind. Heutige Wissenschaftler sollten es wieder halten wie einst John Maynard Keynes. Der entgegnete bekanntlich auf die Frage, wieso er manchmal völlig unterschiedliche Meinungen vertrete: »Wenn sich meine Informationen ändern, dann ändere ich meine Meinung. Was machen Sie, Sir?«

Im vergangenen Jahr haben sich eine Menge Informationen geändert.

Kapitel 6

# Ein Blick ins nächste Jahr

Zum Zeitpunkt, da dieses Schlusskapitel entsteht, schreiben wir Ende Juli 2009. Die Finanzkrise ist in Deutschland zwei Jahre alt: Am Montag, dem 30. Juli 2007, hat die Industriebank IKB als erste deutsche Bank gemeldet, sich mit komplizierten Finanzkonstruktionen überhoben zu haben. Die Wirtschaftskrise ist in Deutschland zehn Monate alt: Am 15. September 2008 meldete die amerikanische Investmentbank Lehman Brothers Insolvenz an; es folgte eine Kaskade der Angst und der schwarze Oktober für die Wirtschaft, der noch schwärzere Zeiten nach sich zog. Jetzt ist es ein wenig ruhiger geworden. Die Wirtschaftszahlen sind im Vergleich zum Vorjahr immer noch schlecht, nur werden sie nicht mehr schlechter, und wecken damit wieder Hoffnung. Der Deutsche Aktienindex Dax weist seit einigen Monaten sogar schon wieder nach oben. Die große Entlassungswelle hat es in Deutschland noch nicht gegeben, auch weil jeder zwanzigste Angestellte zugestimmt hat, in Kurzarbeit auszuharren. Mancher zweifelt schon, ob es überhaupt noch zu Massenentlassungen kommt.

Auch die Ökonomen haben sich wieder gefangen. Sie schreiben Bücher über die Krise und erklären deren Auslöser vor großem Publikum, sie geben Schätzungen ab, wie es weitergeht. Die Propheten sind wieder da. Ihre Machtstrukturen haben sich durch die Krise kaum verschoben. Ein paar Experten für die Finanzmärkte sind bekannter geworden. Ein paar beinahe vergessene Ordoliberale haben laut und deutlich zur Ordnung gerufen. Ein paar Keynesianer sind wieder obenauf. Doch es sind immer noch die gleichen, die viel zu sagen haben und überall zitiert werden. Nur haben sie ihre Meinung teilweise ziemlich geändert. Sie plaudern nun locker über Nachfrageschocks und Konjunkturpakete, als hätte das schon immer zu ihrem Standardrepertoire gehört. Es hat sich doch etwas getan unter den Volkswirten: Sie haben ihre Meinungen verschoben, sind offener für neue Ideen geworden und für alte, die sie einst verworfen oder verdrängt hatten. »Es ist also gerade das Scheitern früherer Ideen von früheren Ökonomen, das die Welt reif macht für die Akzeptanz neuer Ideen«, schreibt der Kölner Ökonom Carl Christian von Weizsäcker in einem Aufsatz über den Einfluss ökonomischer Theorien auf die Politik.

Doch bisher ist trotz großer Krise noch keine neue Großtheorie der Ökonomie aufgetaucht. Noch ist nicht klar, wohin sich die Volkswirtschaftslehre bewegt. Noch ist umstritten, welchem Ökonomentypus die Zukunft gehört: dem Astrologen, dem Psychologen, dem Historiker, dem Philosophen? Jetzt, in der Krise, sind die Ärzte unter den Volkswirten, also diejenigen, die die konkreten Symptome der Krise behandeln, wieder groß in Mode. Eine Wunschvorstellung für die Zukunft lautet, dass der Volkswirt häufiger Psychologe ist oder Historiker. Der Physiker hingegen kann ruhig ein wenig Macht abgeben; er hortet davon seit Jahren genügend. Er sollte allerdings weiterhin darauf achten, dass seine Wissenschaft nicht allzu sehr in die Philosophie abgleitet und damit die Relevanz für die Politik verliert. Fraglich bleibt, was mit den Astrologen unter den Volkswirten geschehen soll, mit den professionellen Prognostikern. Noch wissen wir nicht, ob ihre Prognosen demnächst wegen Erfolglosigkeit eingestellt werden (es sieht allerdings nicht so aus) oder ob sie vielleicht einen neuen Fokus bekommen (auch davon ist nichts zu hören). Noch geht vieles weiter wie bisher.

Wer also wissen will, wie das nächste Jahr aussieht, der kann getrost die Wirtschaftsexperten fragen. Man kann sicher sein, dass weiterhin kaum einer die Antwort verweigern wird. Bereiten wir uns zum Schluss dieses Buches also noch einmal ein kleines Vergnügen und schauen wir ein letztes Mal darauf, was neue und alte Autoritäten zum Thema Zukunft zu sagen haben. Lassen Sie uns noch einmal einen Blick in die Glaskugel der Ökonomen wagen. Dabei sollte die Skepsis gegenüber professionellen Propheten nach dieser Krise zu Recht überwiegen. Doch es gelten auch die beiden Regeln Herbert Steins, eines amerikanischen Ökonomen, der einmal dem *Council of Economic Advisers* vorstand. Er sagte erstens: »Ökonomen wissen nicht sehr viel.« Und zweitens: »Andere Leute, inklusive der Politiker, die die Wirtschaftspolitik machen, wissen sogar noch weniger über Ökonomie, als es Ökonomen tun.«

Das Ifo Institut in München hat am 23. Juni 2009 seine derzeit jüngste Prognose veröffentlicht. Darin rechnen die Forscher für 2009 mit einem Minus der Wirtschaft in Höhe von 6,3 Prozent. Auch für das folgende Jahr sehen sie schwarz. Laut Ifo schrumpft die deutsche Wirtschaft auch 2010 weiter, allerdings im Vergleich zu dem extremen Jahr 2009 nicht mehr so stark, nämlich um 0,3 Prozent. Auf dem Arbeitsmarkt sehen die Forscher die schlimmen Zeiten erst noch kommen. Ab Herbst 2009 werden die Unternehmen laut Prognose verstärkt entlassen; damit soll die Arbeitslosenzahl steigen, die 2010 bei rund 4,3 Millionen Menschen gesehen wird. Die Hoffnung ist schwach: Erst im Frühjahr 2010 würden die leicht anziehenden Exporte helfen, die deutsche Wirtschaft zu stabilisieren.

Das Institut für Weltwirtschaft in Kiel hat seine derzeit jüngste Prognose am 11. Juni 2009 vorgelegt. Es ist etwas optimistischer als die Kollegen in München und sieht für das Jahr 2009 zwar ein Schrumpfen der deutschen Wirtschaft um 6 Prozent, dabei aber im Verlauf des Jahres eine Stabilisierung. 2010 werde sie sich sogar wieder ganz leicht erholen und immerhin um 0,4 Prozent wachsen. Damit wäre die konjunkturelle Wende geschafft. Bei der Arbeitslosigkeit ist das IfW hingegen ähnlich pessimistisch wie die Ifo-Forscher: Ende 2010 soll es 4,65 Millionen Arbeitslose in Deutschland geben, also rund eine Million mehr als im Schnitt 2009.

Die Bundesbank ist in ihrem Monatsbericht vom Juni 2009 ähnlich trübe gestimmt. Ihre Konjunkturforscher sehen zwar immer mehr Anzeichen dafür, dass das Schrumpfen der Wirtschaft sich bald verringern wird. Im Sommer 2009 könnte sogar der bei Prognostikern so beliebte Boden erreicht sein, heißt es. Doch eine echte Belebung, fürchten sie, wird erst einmal ausbleiben. Für 2009 rechnet die Bundesbank damit, dass die Wirtschaft um 6,2 Prozent schrumpft; 2010 soll sie stagnieren. In diesem Jahr soll es durchschnittlich 350 000 Erwerbstätige weniger geben als 2008. Im Jahr 2010 sollen deutlich mehr als vier Millionen Menschen arbeitslos sein, eine Quote von über 10 Prozent.

Diese drei Vorhersagen klingen wie gehabt. Sie sind alle recht ähnlich und zudem jeweils mit einem etwas kruden Risikohinweis verbunden, der die Forscher vor jeglichen Eventualitäten schützt. Sollte die Finanzkrise sich noch einmal verschlimmern, entweder weil die Banken plötzlich doch noch mehr Leichen in den Büchern haben oder weil nun auch noch viele Firmen ihre Kredite nicht mehr bedienen können und damit die Banken schwächen, dann könnte alles ganz anders kommen. »Das Risiko einer Abwärtsspirale dürfte (...) gebannt sein«, schreibt beispielsweise die Deutsche Bundesbank. »Gleichwohl ist nicht auszuschließen, dass es zu weiteren negativen Überraschungen im schwer angeschlagenen Bankensektor oder an den immer noch labilen Finanzmärkten kommen kann, was eine stabile Erholung schwierig macht.« Eine Wahrscheinlichkeit für diese Gefahren gibt sie nicht an. Ebenso halten es das Münchener Ifo Institut und das Kieler Institut für Weltwirtschaft: Sie sprechen von Risiken, bleiben aber schwammig, was deren Wahrscheinlichkeit angeht. Der Leser dieser Gutachten bleibt ratlos zurück.

Jetzt fehlt nur noch eine Einschätzung des Sachverständigenrats. Da dieser aber erst wieder im November sein Votum abgibt, bleibt derzeit nichts anderes übrig, als seine Mitglieder zu befragen. Zum Beispiel Peter Bofinger, den Keynesianer, der auf Gewerkschaftsvorschlag im Gremium sitzt. Er sagte Mitte Mai 2009 in einem Interview mit der *Frankfurter Allgemeinen Sonntagszeitung* selbstkritisch: »Ich gebe keine genaue Prognose mehr ab, das habe ich mir abgewöhnt.« Dann wagte er aber noch eine eher pessimistische Vorhersage der Tendenz. »Ich gehe davon aus, dass die Wirtschaft sich nun L-förmig entwickelt. Nach einem rasanten Absturz finden wir bald den Boden – und da unten bleiben wir erst mal.« Sein Kollege im Rat der Wirtschaftsweisen, Wolfgang Franz, nutzte Mitte Juli 2009 in der ARD für eine ähnliche Einschätzung lieber das Bild einer »Wellblechkonjunktur« in den kommenden Monaten. Damit meint er Veränderungen des Bruttoinlandsprodukts, die um die Nulllinie herum schwanken, also, um in Bofingers Bild zu bleiben: ein L, das sich am unteren Ende leicht wellt. Die Wirtschaftsweisen können anschaulich beschreiben, was sie vorherahnen. Doch am Ende sagen sie wieder einmal halbwegs das Gleiche wie die anderen Prognostiker auch. Der Konsens ist geblieben.

Schauen wir also auf diejenigen Ökonomen, die vor dieser Krise ausgeschert sind, die Ökonomen, die sie vorhergesehen haben. Etwa Nouriel Roubini, der seinem Spitznamen *Dr. Doom* alle Ehre macht – und auch heute noch pessimistisch ist. In einem Interview mit dem Sender CNBC sagte er Ende Juni 2009, dass die Rezession in den Industrieländern noch bis Ende 2009 dauern werde. Für die Jahre danach sieht er nur ein geringes Wachstum in der Welt, in Amerika rechnet er mit maximal 1 bis 1,5 Prozent im Jahr. Vor allem aber sieht er das Risiko, dass es Ende 2010 noch einmal richtig schlimm werden und ein erneutes Schrumpfen anstehen könnte. Roubini nennt das eine *double dip recession,* in Deutschland wird es als W-Form der Konjunktur bezeichnet: Nach dem ersten großen Absturz geht die Wirtschaft ein paar Monate nach oben, dann fällt sie wieder in sich zusammen. Als Grund für den zweiten Knick benennt er einerseits den Ölpreis, der zu schnell und zu früh steigt, weil so viel Geld im Markt ist; andererseits stört ihn die Sorge um die hohen Schulden vieler Staaten, die die Zinsen langfristig nach oben treiben könnten.

Pessimistisch äußert sich auch Yale-Ökonom Robert Shiller, der die Finanzkrise ebenfalls einst vorhergesehen hat. Er glaubt, dass diese Krise erst in mehr als fünf Jahren überstanden ist. »Die Rezession wird vielleicht früher zu Ende sein, doch das wird nicht das Ende der Krise sein«, sagt er. »Ich mache mir Sorge, dass die nächsten fünf Jahre enttäuschend werden.« Um zu erklären, was er mit »enttäuschend« meint, zieht er den Vergleich zur Großen Depression, die viele auf den Zeitraum zwischen 1929 und 1941 datierten. »Während dieser Zeit gab es zwei Rezessionen. Es gab eine Erholung in der Mitte, aber die Erholung wurde nie stark genug. Deshalb glaube ich, dass das Ende der Rezession vielleicht bald ausgerufen wird, aber dass das nicht das Ende unserer Probleme ist, sondern dass wir möglicherweise kurz darauf die nächste Rezession erleben.«

Wann wird die Krise nun vorbei sein? Verläuft sie wie ein L, wie ein W oder gar wie ein V, was derzeit kein bekannter Prognostiker erwartet? Es ist weiterhin schwierig, das vorherzusehen. Ökonomen sind keine Zaubermeister und keine Wahrsager. Einer der oben Genannten könnte am Ende Recht behalten. Wer das sein wird oder ob vielleicht keiner richtig liegt, das will und kann man zu diesem Zeitpunkt nicht entscheiden. Die Zukunft wird es zeigen. Wenn Sie dieses Buch lesen, werden Sie es vielleicht schon besser wissen.

# Danke

Es ist nicht leicht, ein Buch über eine Zunft zu schreiben, die so viele großartige Denker hervorgebracht hat – und doch ab und zu solch bedeutenden Irrtümern unterliegt. Beim Verfassen habe ich oft geschwankt zwischen Bewunderung und Irritation. Mein erster Dank gilt deshalb all den Ökonomen, die erkannt haben, dass sich nach dieser Krise in ihrer Wissenschaft etwas verändern muss, und die das ganz öffentlich zugegeben haben. Sie haben mich zu diesem Buch ermutigt. Ganz besonders danke ich auch denjenigen Volkswirten, mit denen ich in den Zeiten der Krise gesprochen und diskutiert habe. Dazu gehörten insbesondere Dennis Snower, Clemens Fuest, Robert Shiller, Reinhard Selten und Peter Bofinger. Es war mir eine Freude!

Einige meiner Kapitel genau gelesen und angenehm rücksichtslos kommentiert haben Jens, Ann-Katrin und Patrick. Sie haben mich vor Fehlern und falschen Formulierungen bewahrt und mir gezeigt, wo ich nacharbeiten musste. Das war sehr wichtig. Das gilt ebenso für die vielen Ermunterungen seitens meiner Kollegen von der *Frankfurter Allgemeinen Sonntagszeitung*. Mein Lektor Olaf Meier hatte die gute Idee, dass ich aus einem meiner Artikel ein Buch machen könnte. Dieser Vorschlag hat erst zu diesem Buch geführt.

Besonders dankbar bin ich meinen Eltern, die alles als Erste gelesen haben; Kati, die mir geholfen hat, eine schwierige Entscheidung zu treffen; und Christian, der so viele Abende auf mich verzichten musste und mich doch immer wieder ermuntert und aufgemuntert hat.

# Literatur- und Quellenverzeichnis

## Allgemein

*Einige Zitate in diesem Buch stammen aus Gesprächen und Interviews, die ich für dieses Buch und in der Zeit der Entstehung des Buchs geführt habe, insbesondere Zitate von Dennis Snower, Robert Shiller, Hans Joachim Schellnhuber, Reinhard Selten, Peter Bofinger und einigen mehr.*

## Einleitung

*John Kenneth Galbraith wusste schon früh sehr viel über schlechte Prognosen und äußerte das auch gerne öffentlich:*

Interview mit John Kenneth Galbraith, *Wall Street Journal*, 22. Januar 1993.

## Kapitel 1

*Alle im Text genannten Prognosen finden Sie auch im Internet:*

Deutsche Bundesbank: Konjunkturprognosen in den Monatsberichten der Deutschen Bundesbank, einsehbar auf den Internetseiten der Bundesbank: www.bundesbank.de.

Deutsches Institut für Wirtschaftsforschung: Konjunkturprognosen, einsehbar auf den Internetseiten des Instituts: www.diw.de.

Forschungsinstitute: »Gemeinschaftsdiagnose der Forschungsinstitute im Auftrag der Bundesregierung«, einsehbar auf den Internetseiten der beteiligten Institute, unter anderem beim Institut für Weltwirtschaft: www.ifw-kiel.de.

Ifo Institut für Wirtschaftsforschung: Konjunkturprognosen, einsehbar auf den Internetseiten des Instituts: www.cesifo-group.de.

Ifo Institut für Wirtschaftsforschung: »Ifo Konjunkturprognose 2008: Konjunktur verliert an Fahrt«, Video-Mitschnitt der Pressekonferenz vom 13. Dezember 2007, einsehbar auf den Internetseiten des Instituts: www.cesifo-group.de.

Institut für Weltwirtschaft an der Universität Kiel: Konjunkturprognosen, einsehbar auf den Internetseiten des Instituts: www.ifw-kiel.de.

Sachverständigenrat zur Begutachtung der gesamtwirtschaftlichen Entwicklung: »Widerstreitende Interessen – ungenutzte Chancen«, Jahresgutachten 2006/07.

Sachverständigenrat zur Begutachtung der gesamtwirtschaftlichen Entwicklung: »Das Erreichte nicht verspielen«, Jahresgutachten 2007/08.

Sachverständigenrat zur Begutachtung der gesamtwirtschaftlichen Entwicklung: »Die Finanzkrise meistern – Wachstumskräfte stärken«, Jahresgutachten 2008/09.

*Zeitungsartikel zum Ökonomenstreit und zu sonstigen Reaktionen auf die schlechten Prognosen:*

Gerd Aberle, Jürgen Backhaus, Hartwig Bartling et al.: »Rettet die Wirtschaftspolitik an deutschen Universitäten!«, *Frankfurter Allgemeine Zeitung*, 27. April 2009.

Klaus Adam, Carlos Alós-Ferrer, Erwin Amann et al.: »Baut die deutsche VWL nach internationalen Standards um!«, *Handelsblatt*, 8. Juni 2009.

Dirk Baller: »Struck schließt Zusammenarbeit mit Linkspartei nicht generell aus«, Interview mit Peter Struck, *Super Illu*, 15. November 2008.

Stefan Braun: »Schlechte Nachrichten und ein Hoffnungsschimmer«, *Süddeutsche Zeitung*, 16. Dezember 2008.

Carsten Brönstrup: »Wir stehen nicht vor einer Rezession«, Interview mit Bert Rürup, *Der Tagesspiegel*, 12. April 2008.

Philip Faigle: »Mit Prognosen verwirren wir das Volk«, Interview mit Klaus Zimmermann, *Zeit Online*, 15. April 2009.

H.-J. Jakobs, M. Ahlemeier: »Ungerecht lebt es sich besser«, Interview mit Hans-Werner Sinn, *Süddeutsche Zeitung*, 24. Oktober 2007.

Lisa Nienhaus, Christian Siedenbiedel: »Ökonomen in der Sinnkrise«, *Frankfurter Allgemeine Sonntagszeitung*, 5. April 2009.

Manfred Schäfers, Philip Plickert, Nadine Bös: »DIW-Präsident fordert einen Prognosestopp«, *Frankfurter Allgemeine Zeitung*, 17. Dezember 2008.

Philip Plickert: »Norbert Walter. Der verfolgte Schwarzseher«, *Frankfurter Allgemeine Zeitung*, 24. Februar 2009.

Cornelia Schmergal: »Finanzkrise. Hau den Banker«, *Wirtschaftswoche*, 3. November 2008.

Hans-Werner Sinn: »Lächerlich«, Leserbrief zum Artikel »Die Ökonomen in der Sinnkrise«, abgedruckt in: *Frankfurter Allgemeine Sonntagszeitung*, 12. April 2009.

Daniel Zwick: »Können Sie unser Geld vor der Krise retten, Herr Weber?«, Interview mit Axel Weber, *Euro*, 22. April 2008.

*Schriften und Reden von Ökonomen vor und nach der Krise:*

Peter Bofinger: *Wir sind besser, als wir glauben. Wohlstand für alle*, Pearson Studium Verlag, 2004.

Peter Bofinger: *Ist der Markt noch zu retten? Warum wir jetzt einen starken Staat brauchen*, Econ Verlag, 2009.

Robert Lucas: »Macroeconomic Priorities«, Rede vor der American Economic Association am 10. Januar 2003, veröffentlicht in: *American Economic Review* 93 (1), 2003, S. 1–14.

Hans-Werner Sinn: »Die Ursachen der Finanzkrise und die Entwicklung der Weltwirtschaft«, Video von einem Vortrag im Rahmen der Münchner Seminare vom 15. Dezember 2008, einsehbar auf der Internetseite des Ifo Instituts: www.cesifo-group.de.

Hans-Werner Sinn: *Kasino-Kapitalismus. Wie es zur Finanzkrise kam und was jetzt zu tun ist*, Econ Verlag, 2009.

Hans-Werner Sinn: »Der neue Systemwettbewerb«, Vortrag bei der Jahrestagung des Vereins für Socialpolitik in Magdeburg, 28. September 2001.

Hans-Werner Sinn: »Risk-Taking, Limited Liability, and the Banking Crisis. Selected Reprints«, Ifo Institut für Wirtschaftsforschung, 2009.

Axel Weber: »Globale Ungleichgewichte: Theorien und Fakten«, Festvortrag anlässlich der Verleihung der Ehrendoktorwürde der Universität Duisburg-Essen, 28. Juni 2007.

## Kapitel 2

*Einen grundsätzlichen Text, der auf verschiedene Arten untersucht, was Ökonomen bewirken und nicht bewirken können, hat Bruno Frey geschrieben:*

Bruno S. Frey: »Was bewirkt die Volkswirtschaftslehre?«, in: *Perspektiven der Wirtschaftspolitik* 1 (1), 2000, S. 5–33.

*Kluge Gedanken zum Wirken der Ökonomen machten sich auch schon Hayek und Keynes in seiner berühmtesten Schrift:*

Friedrich August von Hayek: »On Being an Economist«, Rede vor Ökonomiestundenten der London School of Economics im Jahr 1944, gedruckt in: W. W. Bartley III und Stephen Kresge (Hrsg.): *The Trend of Economic Thinking: Essays on Political Economists and Economic History*, Verlag Routledge Chapman & Hall, 1991, S. 31–44.

John Maynard Keynes: *Allgemeine Theorie der Beschäftigung, des Zinses und des Geldes*, Duncker & Humblot Verlag, 1994.

*Zum Sachverständigenrat, dem wichtigsten Politikberatungsgremium von Ökonomen in Deutschland, gibt es viel Information, unter anderem hier:*

Gesetz über die Bildung eines Sachverständigenrates zur Begutachtung der gesamtwirtschaftlichen Entwicklung vom 14. August 1963.

Sachverständigenrat zur Begutachtung der gesamtwirtschaftlichen Entwicklung (Hrsg.): *40 Jahre Sachverständigenrat (1963–2003)*, Sachverständigenrat, 2003. *Besonders interessant in diesem Band sind die Texte von Otto Graf Lambsdorff, Gerhard Schröder, Olaf Sievert und Hans Tietmeyer.*

*Über die mangelnde Trefferquote der Prognostiker äußerte sich Bundeskanzlerin Angela Merkel in einer Rede im Jahr 2006:*

Angela Merkel: »Rede beim Unternehmertag 2006 des Bundesverbands des Deutschen Groß- und Außenhandels e. V.«, einsehbar auf den Internetseiten der Bundesregierung: www.bundesregierung.de, 18. Oktober 2006.

*Die Zahlen zu den Kosten von Sachverständigenrat und Wirtschaftsforschungsinstituten stammen aus eigener Recherche beim Bundeswirtschaftsministerium und aus der Antwort der Bundesregierung auf eine Kleine Anfrage der Fraktion Die Linke im Bundestag (Bundestag Drucksache 16/11455).*

## Kapitel 3

*Ein erhellendes Interview über Larry Summers und ein Artikel zur Aufregung um seine Äußerungen über Frauen:*

Marcella Bombardieri: »Summers should go, ex-Harvard dean says«, *The Boston Globe*, 16. Februar 2006.

Marcella Bombardieri: »Summers' remarks on women draw fire«, *The Boston Globe*, 17. Januar 2005.

*Was Ökonomen von ganz gewöhnlichen Menschen unterscheidet, haben schon viele Ökonomen und Journalisten untersucht, unter anderem hier:*

Dominik Enste, Alexandra Haferkamp, Detlef Fetchenhauer: »Unterschiede im Denken zwischen Ökonomen und Laien – Erklärungsansätze zur Verbesserung der wirtschaftspolitischen Beratung«, in: *Perspektiven der Wirtschaftspolitik* 10 (1), 2009, S. 60–78.

Robert Frank, Thomas Gilovich, Dennis Regan: »Does Studying Economics Inhibit Cooperation?«, in: *Journal of Economic Perspectives* 7 (2), 1993, S. 159–171.

Bruno S. Frey, Silke Humbert, Friedrich Schneider: »Was denken deutsche Ökonomen? Eine empirische Auswertung einer Internetbefragung unter den Mitgliedern des Vereins für Socialpolitik im Sommer 2006«, in: *Perspektiven der Wirtschaftspolitik* 8 (4), 2007, S. 359–377.

Sebastian Dullien: »Ökonomen-Umfrage Teil 3: Forschen jenseits der Aktualität«, *Financial Times Deutschland*, 15. Mai 2006.

Thomas Fricke: »Ökonomen-Umfrage Teil 1: Was Ökonomen wirklich wollen«, *Financial Times Deutschland*, 10. Mai 2006.

Thomas Fricke: »Ökonomen-Umfrage Teil 2: Keine Mehrheit für Radikales«, *Financial Times Deutschland*, 11. Mai 2006.

*Auch die ganz großen Ökonomen machten sich schon Gedanken über das negative Image ihrer Zunft:*

Friedrich August von Hayek: *The Trend of Economic Thinking. Essays on Political Economists and Economic History*, Verlag Routledge Chapman & Hall, 1991.

John Maynard Keynes: »Economic Possibilities for our Grandchildren«, 1930.

*Einen witzigen »Kurzen Abriss der Nationalökonomie« schrieb Tucholsky schon 1931. Er findet sich unter anderem in diesem Buch:*

Kurt Tucholsky: *Panter, Tiger & Co.*, Rowohlt Verlag, 1965, S. 161–163.

## Kapitel 4

*Literatur zu den Fehlern der Prognostiker gibt es hier:*

Birger Antholz: »Geschichte der quantitativen Konjunkturprognose-Evaluation in Deutschland«, in: *Vierteljahreshefte zur Wirtschaftsforschung* 75, 2006, S. 12–33.

Roland Döhrn: »Gemeinschaftsdiagnose – Auf ein Neues!«, in: *Wirtschaftsdienst*, Heft 11, 2007, S. 702–703.

Ullrich Heilemann: »The Future of Economic Forecasting«, Einleitungstext zur Konferenz: »The Future of Economic Forecasting«, organisiert vom Institut für Empirische Wirtschaftsforschung der Universität Leipzig und dem International Institute of Forecasters, 2005.

Ullrich Heilemann: »Das RWI-Konjunkturmodell«, in: W. Gaab, U. Heilemann, J. Wolters: *Arbeiten mit ökonometrischen Modellen*, Studies in Contemporary Economics, Physica-Verlag, 2004.

Willi Koll, Ulrich Klüh, Klaus Zimmermann et al.: »Zeitgespräch: Welche Rolle spielen Prognosen?«, in: *Wirtschaftsdienst*, Heft 2, 2009, S. 79–100.

Deirdre McCloskey: *If You're So Smart. The Narrative of Economic Expertise*, The University of Chicago Press, 1990.

Wolfgang Nierhaus: »Methoden der Konjunkturprognose«, in: *Ifo Schnelldienst* 4, 2003, S. 7–23.

Projektgruppe Gemeinschaftsdiagnose: »Im Sog der Weltrezession. Gemeinschaftsdiagnose Frühjahr 2009«, 2009.

Statistisches Bundesamt: »Volkswirtschaftliche Gesamtrechnungen. Qualitätsbericht 2007«, 2007, einsehbar im Internet: www.destatis.de.

Nassim Nicholas Taleb: *Der schwarze Schwan. Die Macht höchst unwahrscheinlicher Ereignisse*, Hanser Verlag, 2008.

*Etwas aufheiternd mag dabei wirken, dass schon die erste Weltwirtschaftskrise weder von Prognostikern in Harvard noch in Yale vorhergesehen wurde:*

Kathryn Dominguez, Ray Fair, Matthew Shapiro: »Forecasting the Depression: Harvard Versus Yale«, in: *The American Economic Review* 78 (4), 1988, S. 595–612.

*Literatur und Quellen zu den Fehlern der Ökonomen:*

George Akerlof und Robert Shiller: *Animal Spirits. Wie Wirtschaft wirklich funktioniert*, Campus Verlag, 2009.

David Colander, Hans Föllmer, Armin Haas et al.: »The Financial Crisis and the Systematic Failure of Academic Economics«, Kiel Working Paper 1489, 2009.

Richard Dale: »The financial meltdown is an academic crisis too«, in Andrew Felton, Carmen Reinhart (Hrsg.): *The First Global Financial Crisis of the 21st Century, Part II, Section 2: What is wrong with the traditional economic/financial viewpoint and models?*, 2008, einsehbar unter: www.voxeu.org.

Paul Krugman: »The Return of Depression Economics. Part 3: The night they reread Minsky«, Lionel Robbins' Erinnerungsvorlesung an der London School of Economics am 10. Juni 2009, nachzuhören auf der Webseite der London School of Economics: www.lse.ac.uk/collections/LSEPublicLecture-sAndEvents

Andrew Pierce: »The queen asks why no one saw the credit crunch coming«, *Telegraph*, 5. November 2008.

Robert Shiller: »From efficient market theory to behavioral finance«, Cowles Foundation Discussion Paper No. 1358, 2002.

*Einige Zitate stammen aus diesen Werken:*

Herbert Giersch: *Die offene Gesellschaft und ihre Wirtschaft. Aufsätze und Kommentare aus fünf Jahrzehnten*, Murmann Verlag, 2006.

Alexander Nützenadel: *Stunde der Ökonomen. Wissenschaft, Politik und Expertenkultur in der Bundesrepublik 1949–1974*, Vandenhoeck & Ruprecht, 2005.

*Zu den wenigen Warnern findet sich viel in ihren eigenen Werken:*

Max Otte: *Der Crash kommt. Die neue Weltwirtschaftskrise und was Sie jetzt tun können*, Ullstein Verlag, 2009.

Robert Shiller: *Irrational Exuberance*, zweite Auflage, Princeton University Press, 2005.

Nouriel Roubini verbreitet sein Wissen vor allem auf seiner Webseite: www.rgemonitor.com.

## Kapitel 5

*Hans-Werner Sinn hat sich in einem langen, gut durchdachten Artikel Gedanken zur Zukunft seiner Zunft gemacht:*

Hans-Werner Sinn: »Der richtige Dreiklang der VWL«, in: *Frankfurter Allgemeine Zeitung*, 22. Juni 2009.

*Was Volkswirtschafts-Studenten über ihr eigenes Fach denken:*

David Colander und Arjo Klamer: »The Making of an Economist«, in: *Economic Perspectives* 1 (2), 1987, S. 95–111.

David Colander: »The Making of an Economist II«, Middlebury College Economics Discussion Paper No. 04–20, 2004.

*Ein unterhaltsames Buch über die generellen Eigenschaften von Krisen und zwei neuere Arbeiten zum gleichen Thema:*

John Kenneth Galbraith: *A short history of financial euphoria*, Penguin Books, 1993.

Carmen Reinhart und Kenneth Rogoff: »This Time is Different? A Panoramic View of Eight Centuries of Financial Crises«, NBER Working Paper 13882, März 2008.

Carmen Reinhart und Kenneth Rogoff: »The Aftermath of Financial Crises«, in: *American Economic Review*, Mai 2009.

*Kritik an der Ökonomie, die Physik sein will, von ordoliberaler Seite:*

Viktor J. Vanberg: »Der Markt als kreativer Prozess: Die Ökonomik ist keine zweite Physik«, Freiburger Diskussionspapiere zur Ordnungsökonomik 05/12.

*Ein paar kluge Keynes-Zitate habe ich diesen Werken entliehen:*

John Maynard Keynes: *A Tract on Monetary Reform*, heute unter anderem zu erwerben bei: Prometheus Books, 2000.

Marc Blaug: *John Maynard Keynes. Life, Ideas, Legacy*, Macmillan, 1990.

*Intelligentes über Wirtschaftsgeschichte und wie sie die Ökonomie voranbringen kann, schreibt Kindleberger:*

Charles P. Kindleberger: *Historical Economics. Art or Science?*, University of California Press, 1990.

*Gute Tipps für eine bessere Ökonomie und viel Kritik an der Mathematikmanie einiger Ökonomen liefern ein Buch und ein Artikel:*

Deirdre McCloskey: *How to be Human (Though an Economist)*, The University of Michigan Press, 2000.

John Cassidy: »The Decline of Economics«, in: *The New Yorker*, 2. Dezember 1996, S. 50.

## Kapitel 6

*Ein interessanter Aufsatz über die Macht ökonomischer Ideen:*

Carl Christian von Weizsäcker: »Über die Schlusspassage der General Theory – Gedanken zum Einfluss ökonomischer Theorien auf die Politik«, in: *Perspektiven der Wirtschaftspolitik* 1 (1), 2000, S. 35–52.

*Das Herbert-Stein-Zitat habe ich folgendem Text entnommen:*

Wolfgang Franz: »Wirtschaftspolitische Beratung: Reminiszenzen und Reflexionen«, in: *Perspektiven der Wirtschaftspolitik* 1 (1), 2000, S. 53–71.

*Bofinger machte seine Vorhersagen in diesem Interview:*

Lisa Nienhaus und Winand von Petersdorff: »Große Staaten haben breite Schultern«, *Frankfurter Allgemeine Sonntagszeitung*, 17. Mai 2009.